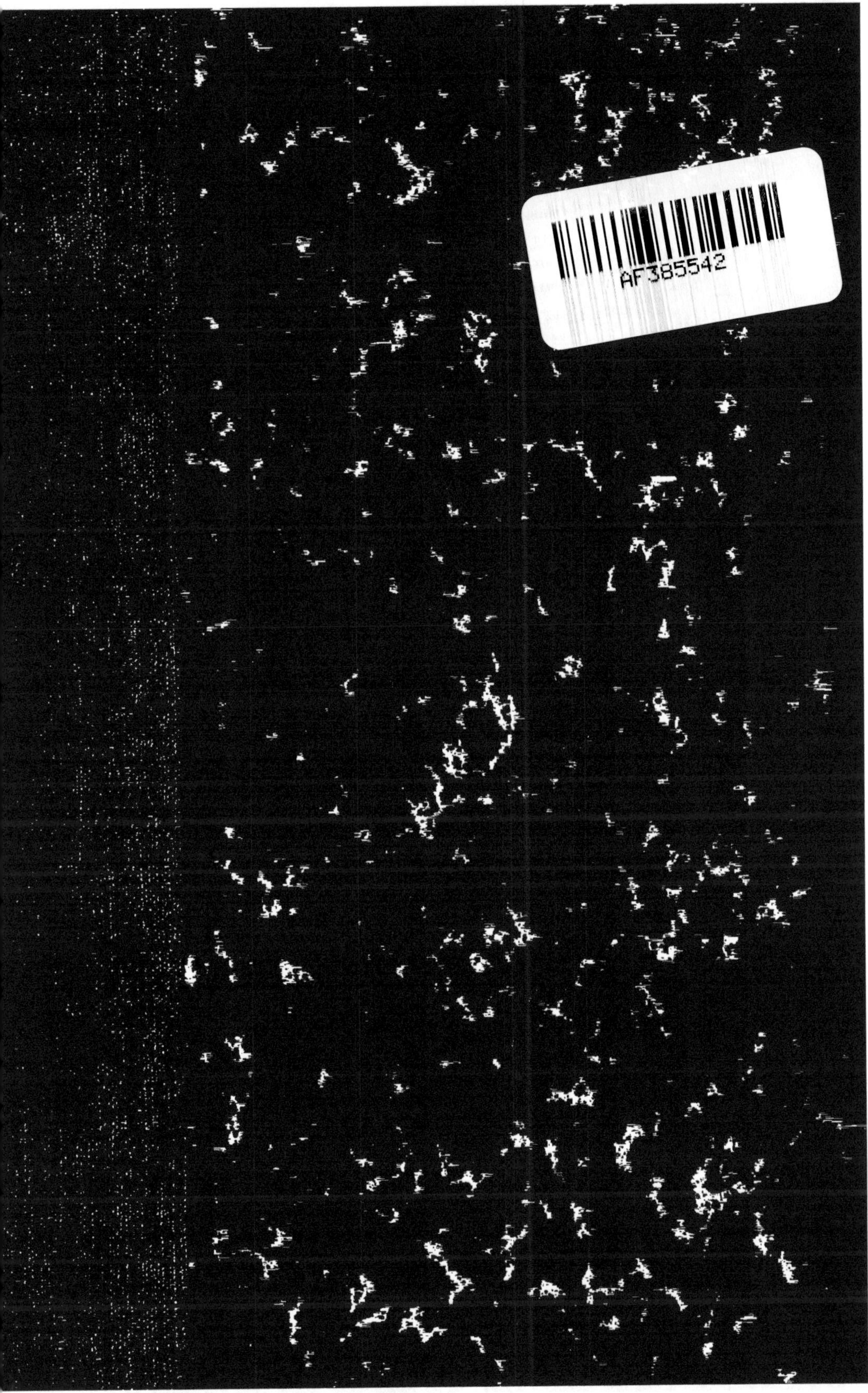
AF385542

No 14

# LES MARINS

DE LA

# RÉPUBLIQUE

# LES MARINS

## DE LA

# RÉPUBLIQUE

LE VENGEUR ET LES DROITS DE L'HOMME

LA LOIRE ET LA BAYONNAISE

LE TREIZE PRAIRIAL. — ABOUKIR ET TRAFALGAR

PAR

## H. MOULIN

LIBRAIRIE D'ÉDUCATION DE LA JEUNESSE

14, RUE DE L'ABBAYE, 14

PARIS

# AVERTISSEMENT DES ÉDITEURS

Les premières éditions de ce petit livre ont été accueillies avec une extrême faveur. On a su gré à M. H. Moulin d'avoir donné à la jeunesse une œuvre pleine de vie et de vérité, des récits inspirés par les propos que, dans son enfance, lui tinrent, au bord de la mer, les vieux héros de la marine républicaine, et complétés, d'après la méthode la plus rigoureuse, par des documents inédits ou peu connus.

Les livres d'éducation auront le même succès, chaque fois qu'ils seront composés, comme celui-ci, avec un grand amour du sujet et une science véritable.

Février 1882.

# UN MOT

La marine a été bien négligée sous l'Empire, et cependant
son histoire comptait plus d'une page glorieuse. Les honneurs et les récompenses ont été pour les soldats, l'oubli et le
silence pour nos marins, et cependant les uns n'ont pas moins
fait que les autres pour la mère patrie. Le ministre Decrès,
qui eut une belle journée dans sa vie, sur le *Guillaume Tell*,
songeait moins à la prospérité de son ministère qu'au main-
tien de sa faveur. « Je n'hésite pas à dire, écrit l'auteur des
*Souvenirs d'un marin*, l'amiral Jurien de la Gravière, que, dans
mon opinion, le long règne de cet homme d'esprit fut une cala-
mité pour la marine.

« Cet administrateur si habile, ce courtisan si fin, si ingé-
nieux, était, pour l'époque surtout où nous vivions, le pire de
tous les ministres. »

Cette opinion de l'amiral Jurien était celle de tous les marins
de l'Empire.

Absolu dans ses ordres, dur avec ses inférieurs, partial pour
ses favoris, souple vis-à-vis du maître, craint et détesté, le
ministre Decrès était peu propre à relever la marine de l'Empire.
Aussi depuis Trafalgar ne fit-elle plus parler d'elle jusqu'à Lut-
zen et Bautzen, où elle montra ce qu'on pouvait attendre de ses
enfants.

Né dans l'un de nos grands ports militaires, j'ai été élevé au milieu d'une génération de vieux marins; mon enfance a été bercée au récit de leurs hauts faits, de leurs actes de courage et d'audace, ma vieillesse en a conservé le souvenir, plus d'une fois ravivé pendant mes années de jeunesse.

Trois quarts de siècle ont passé sur les événements qui ont illustré notre marine dans les dernières années de la Révolution et les premières de l'Empire; la mort a emporté les derniers survivants qui y avaient été mêlés, et le bruit qui s'était fait autour d'eux s'est éteint peu à peu. Des noms et des faits, naguère célèbres, sont aujourd'hui presque oubliés de notre génération.

C'est pour les venger de cet injuste oubli, les faire revivre et les remettre en lumière, que j'ai écrit les *Marins de la République*. Ces quelques pages, choisies parmi beaucoup d'autres, sont un écho répété de mes impressions d'enfant, de mes souvenirs de jeune homme; elles sont consacrées à la mémoire de braves qui ont eu leur part dans les combats que je raconte.

Puissent mes lecteurs trouver à les lire l'intérêt que j'ai eu à les retracer!...

H. M.

1<sup>er</sup> août 1880.

---

Voilà les quelques lignes qui servaient d'introduction à l'édition de mon livre de 1880.

L'accueil qu'il reçut du public à cette époque, les encouragements de la presse, trois tirages en un an, l'adoption qu'en firent la ville de Paris et l'État pour leurs écoles, les conseils de l'amitié, en m'engageant à revoir et à compléter mon travail, m'ont imposé de nouveaux efforts.

J'ai compris en même temps que j'avais à réparer quelques omissions, à faire amende honorable à certains noms.

Comment, en effet, m'exempter de payer au commandant des *Droits de l'homme* et au vainqueur d'Algésiras, aux Mullon, aux Tartu, aux Le Joille; aux trois héros d'Aboukir, du Chayla, du Petit-Thouars et Émériau, la dette de reconnaissance de la France?

J'ai donc recommencé mon enquête maritime, fouillé de nouveau les imprimés et les manuscrits des bibliothèques publiques et particulières, consulté les collections d'autographes; je me suis renfermé pendant plusieurs mois aux archives du ministère de la marine, mine inépuisable de richesses historiques, et c'est grâce à ces recherches et à ces travaux que je puis offrir à mes lecteurs une nouvelle édition des *Marins de la République*, double de la première. Que leur bienveillance retrouve pour cette édition l'accueil qu'ils ont fait à la première! C'est la seule récompense que j'ambitionne

1882.

# LES MARINS
# DE LA RÉPUBLIQUE

## CHAPITRE PREMIER

PREMIÈRES HOSTILITÉS AVEC L'ANGLETERRE
COMBATS HEUREUX OU HONORABLES POUR NOTRE PAVILLON
LES FRÉGATES *LA CONCORDE, LA SÉMILLANTE*
*LA CLÉOPATRE, L'EMBUSCADE, L'URANIE; LE SLOOP .LE HOOK*

Quatre-vingt-treize avait vu la République, entourée d'ennemis à l'intérieur et à l'extérieur, déclarer la guerre à l'Angleterre et à la Hollande, et une puissante coalition se former contre la France entre l'Autriche, la Prusse, l'Empire germanique, l'Espagne, le Portugal, les Deux-Siciles, l'État ecclésiastique, et tout naturellement l'Angleterre et la Hollande.

C'était donc l'Europe coalisée qui se levait contre la France.

Pour tenir tête à tant d'ennemis, défendre ses frontières et ses rivages, la Convention redoubla de courage et d'énergie : son patriotisme l'éleva à la hauteur des événements. Elle ordonna la levée en masse, et tous les Français de dix-huit à vingt-cinq ans marchèrent à la frontière aux accents de la *Marseillaise*.

Par un autre décret, embrassant dans sa sollicitude les armées de terre et de mer, elle ordonna l'armement de 30 vaisseaux et de

20 frégates, afin de porter à 104 le nombre des vaisseaux et frégates composant l'armée navale, la construction de 25 vaisseaux, de 20 frégates, de 20 corvettes ou avisos, de 6 galiottes à bombes ; elle affecta 30 millions à l'exécution de son décret.

Les armements pour la course furent autorisés, même encouragés ; des lettres de marques délivrées, des croisières ordonnées.

De presque tous nos ports sortirent des corsaires qui se rendirent bientôt redoutables au commerce ennemi ; des frégates et des corvettes croisèrent dans la Manche, dans l'Océan, dans la Méditerranée.

A ces mesures l'Angleterre en avait opposé de pareilles. Des rencontres ne tardèrent pas à se produire entre les navires des deux nations, toujours à l'avantage de la France à égalité, et parfois à à infériorité de forces, toujours surtout à son honneur, lors même que le courage était obligé de céder au nombre.

L'année dix-sept cent quatre-vingt-treize fut témoin de plusieurs engagements heureux ou honorables pour nos marins, prélude des grandes batailles de Prairial, d'Aboukir, de Trafalgar, où l'honneur nous resta, à défaut de la fortune.


## LA *CONCORDE* CONTRE L'*HYENA*


Ce fut la *Concorde*, commandée par le capitaine de vaisseau Daniel Van Dongen, Hollandais d'origine, qui ouvrit brillamment cette année.

Il se trouvait à quelques milles dans l'ouest de Saint-Domingue, quand il fit la rencontre de l'*Hyena*, frégate anglaise de 32 canons. Comme elle était moins forte que la frégate française, qui en avait 40, elle chercha, en se couvrant de voiles, à éviter le combat. Mais Van Dongen lui donna la chasse, l'atteignit, l'attaqua vivement, et, après quelques bordées échangées, la força à amener son pavillon.

Le brave capitaine hollandais ne jouit pas longtemps de son triomphe ; il fut tué, dans le combat du 9 prairial, sur le *Révolutionnaire*, qu'il commandait et où il avait fait bravement son devoir.

## LA *SÉMILLANTE* CONTRE LA *VÉNUS*

Dix jours s'étaient à peine écoulés qu'un engagement plus sérieux mettait aux prises la *Sémillante* et la *Vénus*.

La supériorité des forces était cette fois pour les Anglais. La *Vénus*, aux ordres de sir Jonathas Faulknor, était une frégate de 40 canons, et la *Sémillante* n'en portait que 36. Puis, presque au terme d'une croisière fructueuse, au cours de laquelle elle avait fait plusieurs prises, deux notamment, l'*Actif*, de 15 canons, et la *Betzy*, de 18, qu'il avait fallu pourvoir d'un équipage prélevé sur celui du bâtiment capteur, il ne lui en restait qu'un assez affaibli, de telle sorte que l'Anglais l'emportait par le nombre et l'échantillon de ses pièces et le chiffre de son personnel.

Le brave lieutenant Gaillard, qui commandait la *Sémillante*, ne s'effraya point de cette infériorité de forces, et accepta résolument le combat. Il arbora son pavillon et l'assura par un coup de canon à poudre, auquel le capitaine anglais répondit par un coup de canon à boulet. Ce fut le signal de l'action, qui s'engagea immédiatement avec une grande vivacité de part et d'autre.

Le feu durait depuis trois quarts d'heure quand le commandant Gaillard, atteint en pleine poitrine, fut tué sur son banc de quart.

Il y fut remplacé par le lieutenant en second Belleville, qui, quelques minutes après, éprouvait le même sort.

Le commandant échut alors à un troisième lieutenant, Pierre Garreau [1]. Jeune et non moins intrépide que ces deux prédécesseurs, il continua la lutte avec la même ardeur ; mais, remarquant que la

---

[1] Pierre-Elie Garreau, né à la Rochelle en 1766, mort au même lieu en 1841, devint capitaine de vaisseau de seconde classe en 1795, de première en 1808, et fut mis à la retraite en 1815. Il servit avec distinction sous les ordres des amiraux Vanstabel, Bruix, de Leissègues et Morard de Galles.

Écrivant au ministre de la marine, le 9 floréal an IX, pour le lui recommander, l'amiral Bruix disait de cet officier : « Il est jeune, instruit, plein de zèle et d'honneur, et j'ose vous assurer que c'est une excellente acquisition pour la flotte. »

canonnade pouvait se prolonger longtemps encore, et voulant hâter
le dénouement, il approcha la *Vénus* à portée de pistolet et tenta
l'abordage. Il eût peut-être réussi, malgré les efforts de sir Faulknor
pour l'éviter ; mais les boulines de la *Sémillante* ayant été coupées,
elle ne put serrer d'assez près son adversaire, qui s'empressa de s'é-
loigner, craignant apparemment une nouvelle tentative d'abordage.

Le combat avait duré plus de quatre heures et demie. La perte
en hommes fut à peu près le même des deux côtés, mais la *Vénus*
avait plus souffert que la *Sémillante*. Ses manœuvres étaient hachées,
« trois de ses sabords paraissaient n'en faire qu'un, et son gaillard
d'arrière était très fracassé [1] ».

La *Sémillante* rentra à Brest. Elle avait aussi plus d'une avarie ;
ses mâts et ses haubans étaient fort endommagés ; douze de ses
hommes avaient été tués et vingt blessés ; « mais les honneurs de
la journée étaient incontestablement restés à nos marins, qui com-
battirent avec une grande intrépidité, manœuvrèrent habilement et
forcèrent les Anglais à s'éloigner pour mettre fin au combat [2] ».

Le ministre de la marine, en rendant compte à la Convention de
cet engagement, lui disait : « En donnant de justes regrets aux
braves défenseurs que la République a perdus dans le combat, la Convention nationale verra avec plaisir que l'ennemi, malgré la supériorité de sa force, s'est refusé à l'abordage, et qu'il a fui après avoir
été fort maltraité [3]. »

## LE *CLÉOPATRE* CONTRE LA *NYMPHE*

Malgré le résultat moins favorable à nos armes, le combat de la
*Cléopâtre* contre la *Nymphe* ne fut ni moins glorieux ni moins
acharné que celui de la *Sémillante*, et il se termina par un trait
d'héroïsme qui doit sauver de l'oubli la mémoire de Mullon.

[1] Lettre du citoyen Thévenard, commandant des armes à Brest, au ministre
de la marine, du 3 juin 1793.

[2] Ch. Rouvier. *Histoire des marins français sous la République*, 1868, in-8.

[3] Lettre du ministre de la marine à la Convention, du 7 juin 1793. (*Archives
du ministère de la marine.*)

Jean-Baptiste Mullon n'avait pas dix ans, quand il entra, en 1761, comme mousse, dans la marine ; en 1793 il était capitaine de vaisseau et il avait conquis son avancement grade par grade.

C'était un brave officier, peu lettré et ardent républicain, alliant le courage à la prudence, paternel pour ses marins, mais maintenant à son bord — chose difficile dans ces temps agités — une sévère discipline.

Dans son commandement des forces navales de la Manche, il s'était fait remarquer par les services qu'il avait rendus aux convois marchands, qu'il escortait, et dont il favorisait l'entrée et la sortie. Le 23 mai 1793, le ministre de la marine lui écrivait « qu'il ne saurait trop louer le zèle, l'activité et les talents qu'il avait déployés dans l'exécution de cette mission ».

Capitaine de vaisseau donnant des ordres.

Nommé au commandement de la *Cléopâtre*, il exprimait au ministre Monge sa gratitude et il ajoutait : « Brûlant de zèle pour la République, je me sens capable de remplir tous les devoirs et les obligations que la grade auquel je suis élevé m'impose ; heureux, en versant mon sang pour la prospérité de ses armes, si je peux contribuer à consolider son indépendance et à simenter parmis nous les lois imuables de la liberté et de l'égalité (*sic*) ».

Dans une autre lettre il écrivait : « Ma vie est à ma patrie. » Et dans une dernière : « Je pourrai braver la mort, l'envisager sans crainte et la recevoir sans effroi [1] ».

[1] Lettres des 5, 15 mars et 1er avril 1793 au ministre de la marine. Le 18 février, il lui en avait adressé une première, ainsi conçue : « Une fois cette mission remplie, pourrais-je vous prier, citoyen ministre, de m'accorder une croisière

A deux mois de là, Mullon allait prouver que ce n'étaient pas là de simples phrases, et que le sentiment qui les avait inspirées était dans son cœur. Si dans ces lettres, et dans quelques autres que nous avons pu lire aux archives du ministère de la marine, on rencontre quelque exaltation républicaine, quelque exagération de style, ne faut-il pas en chercher la cause dans le besoin qu'il avait de repousser certaines dénonciations portées contre lui, malgré son civisme, aux représentants Bourdon et Le Carpentier? Un instant ces dénonciations avaient pu lui faire craindre la perte de son commandement; il le conserva au prix de sa vie.

Le 18 juin 1793, non loin du cap Start, dans la nuit, à 3 heures et demie, ses vigies lui signalèrent une frégate anglaise. Il eût pu l'éviter; il résolut, au contraire, de l'attaquer, fit carguer ses basses voiles et l'attendit. C'était la *Nymphe*, belle frégate de 44 canons, commandée par sir Edward Pellew, à laquelle la *Cléopâtre* ne pouvait en opposer que 36.

A 6 heures, les deux frégates étaient à portée de la voix, et Mullon héla la frégate anglaise. Soit que sir Pellew n'eût pas entendu ou n'eût pas compris, il ne fit point de réponse. Alors de la *Cléopâtre* partirent à trois reprises les cris de *Vive la nation! Vive la République!* auxquels cette fois la *Nymphe* répondit par trois hurrahs.

Les deux capitaines, debout sur leur banc de quart, s'étant aperçus, se saluèrent, comme jadis à Fontenoy les commandants français et anglais.

Mullon se hâta d'adresser à son équipage quelques mots d'encouragement, se fit apporter un bonnet phrygien, ordonna à un gabier d'en coiffer la pomme du grand mât.

Les deux frégates avaient eu le temps de se préparer à la lutte.

quelconque ? Le désir ardent de servir la République et de repousser, avec les braves compagnons d'armes qui me secondent, les ennemis de notre liberté, me fait seul solliciter une destination de cette espèce, persuadé qu'avec les vrais républicains dont je m'honore d'être le chef, je pourrais, surtout avec l'excellente frégate qui m'ait (*sic*) confiée, causer un grand préjudice au commerce de nos ennemis, que nous « orons peu-être » le bonheur de combattre. Mon existence est tout entière dévouée à ma patrie. Je ne m'estimerais heureux qu'autant que je pourrais lui prouver mon zèle et lui être de quelque utilité. J. Mullon. » (*Archives du ministère de la marine.*)

Le feu commença des plus vifs et des mieux soutenus, et dura trois heures, pendant lesquelles les deux adversaires avaient éprouvé de graves avaries.

Mullon avait vu tomber son mât d'artimon, il ordonna l'abordage. La manœuvre commandée fut si bien exécutée que le beaupré de la *Cléopâtre* s'engagea dans les haubans de misaine de la *Nymphe*. Déjà les marins français s'étaient élancés sur ce pont improvisé, quand le bout-dehors du beaupré se brisa et rendit l'abordage impossible. Les deux frégates s'allongèrent en se couvrant de feu et de mitraille.

A ce moment, Mullon fut mortellement atteint. Trois lieutenants qui lui succédèrent furent successivement tués ou blessés, et l'équipage resta un moment sans chefs.

De ce moment d'abandon, de cet instant d'hésitation les Anglais profitèrent pour se précipiter sur le pont de la *Cléopâtre*, où gisaient étendus soixante-trois hommes, parmi lesquels le capitaine Mullon et presque tous ses officiers. La frégate française « n'était plus qu'un débris informe et près de sombrer [1] ». La *Nymphe* paya cher sa victoire, qu'elle ne dut qu'à la mort du capitaine Mullon et de son état-major; elle était très maltraitée et avait eu vingt-trois hommes tués et vingt-sept blessés.

Honneur au capitaine Mullon! Il fut héroïque jusqu'au bout, pendant le combat et au moment d'expirer. Il avait sur lui la liste des signaux des côtes de France. Craignant qu'elle ne tombât entre les mains de l'ennemi, il eut, malgré ses souffrances, le courage et la force, pour la lui soustraire, de la saisir et de l'avaler.

Cet homme faisant à la patrie le sacrifice de sa vie, prévoyant pour elle, même au delà de la mort, n'est-il pas digne des héros de Rome et de Sparte? N'est-il pas aussi héroïque que ce Publius Decius se vouant pour le succès de Rome aux dieux infernaux? que ce Mucius Scævola effrayant Porsenna, en plaçant sa main sur un brasier ardent? que ce Léonidas lui-même périssant aux Thermopyles pour le salut de la Grèce?...

Et Mullon cependant est presque inconnu de la génération actuelle,

---

[1] Guérin. *Histoire de la marine.*

et son acte d'héroïsme est presque oublié, et la reconnaissance de notre marine n'a pas transmis son nom d'âge en âge, en le donnant à l'un de ses bâtiments de guerre !...

N'y a-t-il pas là un injuste oubli à réparer? Et, le signaler, n'est-ce pas être assuré d'en obtenir la réparation [1] ?

## L'*EMBUSCADE* CONTRE LE *BOSTON*

Le capitaine de vaisseau Bompard venait, avec l'*Embuscade*, frégate de 36, de terminer dans la mer des Indes une croisière désastreuse pour le commerce anglais, auquel il avait enlevé plus de soixante navires, et à New-York, à Halifax, on ne s'entretenait que des succès de Bompard et des prises de l'*Embuscade*. Un capitaine anglais, sir Georges Courtenay, qui commandait dans ces mers une frégate de 40, *la Boston*, se blessa de ces propos.

Vantard et galantin, comme quelques-uns de ses compatriotes, il avait répété dans les cafés et les lieux publics de New-York et de Halifax qu'il aurait raison de l'*Embuscade*, et il avait promis aux dames de la haute société de Halifax de leur ramener prisonnier son commandant. Ces dames, de leur côté, oubliant

> qu'il ne faut jamais
> Vendre la peau de l'ours qu'on ne l'ait mis par terre,

s'étaient cotisées pour donner une fête au futur vainqueur, et avaient pris l'engagement de compter 10 guinées de gratification à chaque homme de l'équipage de la *Boston*, à la prise de l'*Embuscade*.

Sir Georges s'était trop avancé pour pouvoir reculer, et il adressa son défi à Bompard, qui n'était pas homme à le refuser.

Les deux capitaines se cherchèrent donc, et, naviguant dans les mêmes eaux, ne tardèrent pas à se rencontrer. Ce fut dans la nuit du 30 juillet, et le combat s'engagea immédiatement; il dura deux

[1] Mullon (Jean-Baptiste), né en 1752, était lieutenant en 1792. Nommé capitaine de vaisseau le 1er janvier 1793, il obtint presque immédiatement le commandement de la *Cléopâtre*, sur laquelle il fut tué six mois après.

heures, acharné de part et d'autre. Mais, après ces deux heures, la *Boston,* qui avait toujours évité l'abordage, était réduite à l'état le plus misérable ; elle avait perdu son capitaine, sir Georges, et deux lieutenants ; tous ses officiers étaient blessés, et son équipage largement décimé. Ce fut à grand'peine qu'elle échappa à l'*Embuscade,* qui lui donna la chasse, mais ne put l'atteindre ; elle-même n'était pas sans de graves avaries.

On apprit par les pilotes qui étaient à bord de la *Boston* « qu'elle « était dans la plus grande détresse ; qu'elle pompait de toutes ses « pompes ; avait reçu six boulets au-dessous de la flottaison ; que « tout son côté était criblé, et que trois de ses sabords n'en faisaient « qu'un ; que le capitaine Courtenay avait été tué, ainsi que deux « de ses officiers ; que tout le restant de l'état-major avait été blessé, « à l'exception d'un seul midshipman ».

Ils ajoutaient que « pendant l'espace de six heures qu'ils étaient « restés à bord, ils avaient vu jeter à la mer quatorze morts, et « que la perte des Anglais, tant en tués que blessés, allait à cent « trente-cinq hommes [1] ».

Bompard rentra victorieux à New-York, et y trouva de vives sympathies. Les habitants le fêtèrent et firent frapper en son honneur une médaille commémorative de son combat, et représentant « la Liberté assise sur l'*Embuscade* ».

Ce premier succès n'était pour Bompard que le prélude de beaucoup d'autres Il paya bravement de sa personne à la journée de Prairial an II, prit part à l'expédition d'Irlande, et soutint sur le *Hoche* un glorieux combat. Ses services lui valurent le grade de contre-amiral.

Par une étrange bizarrerie du destin et un inexplicable caprice des révolutions, son opposition au gouvernement impérial le faisait mettre à la retraite en 1808, et la réaction blanche, en 1815, l'accusant de bonapartisme, le menaçait de mort et pillait sa maison.

---

[1] Lettre de Bompard au ministre de la marine, du 4 octobre 1793. (*Archives de la marine.*)

## LE *HOOK* CONTRE LA *RÉSOLUTION*

Ce fut une méprise singulière et une invitation à dîner intempestive qui causèrent l'amarinage de la *Résolution* par le *Hook*.

Le *Hook* était une lougre de 16 canons de trois, d'origine anglaise, qui avait été capturé il y avait à peine quelques mois, et dont le commandement avait été donné à un ancien volontaire de 1780, devenu enseigne, François-Marie Pitot[1].

Le lougre avait conservé son nom, son gréement, son agencement, de sorte que, français seulement pas ses couleurs et par son équipage, il était resté anglais par tout le reste.

Pitot avait appareillé, le 3 septembre 1793, de la baie de Camaret, par une belle mer, et n'était encore qu'à quelques lieues des côtes, lorsqu'il se trouva en vue d'un brick anglais. C'était la *Résolution*, armée de 16 obusiers de 12 et de 6. Il se décida à l'attaquer ; mais il aperçut un canot, monté de quatre hommes et d'un officier, qui se détachait du brick anglais et s'approchait de lui.

Le canot aborde le *Hook*, et l'officier monte à bord. Quel n'est pas l'étonnement de Pitot d'apprendre de sa bouche que le capitaine de la *Résolution*, le prenant pour un compatriote, lui envoie une invitation à dîner, et son canot pour le conduire à son bord !

Pitot rit de la méprise et, s'adressant à l'officier anglais : « Vous nous resterez, lui dit-il ; je ne saurais accepter le dîner de votre capitaine, et vous savez pourquoi ; mais vous partagerez le mien et nous irons ensemble lui porter sa part de dessert[2]. »

Le capitaine anglais, ne voyant par revenir son canot, et obser-

---

[1] François-Marie Pitot, né à Morlaix, en janvier 1767, volontaire en 1780, enseigne, puis capitaine de vaisseau, fut mis à la retraite pour cause de blessures, en l'an XII. Il avait perdu la main droite au service, et assisté sur le *Conquérant* à quatre combats, dans l'un desquels il avait été blessé. Quand il prit sa retraite, nécessitée par ses infirmités, il comptait dix-neuf campagnes, huit combats et plusieurs blessures graves.

[2] Rapport de Pitot au ministre de la marine, du 4 septembre 1793. (*Archives de la marine.*)

vant mieux les allures du *Hook*, reconnaît son erreur et se hâte de fuir, sans attendre le premier coup de canon.

Pitot le poursuit tantôt à la voile, tantôt à l'aviron, à cause du calme. Il l'atteint enfin, après douze ou quinze heures de poursuite, et l'attaque sur-le-champ. Deux bordées seulement sont échangées, auxquelles succède l'abordage.

L'équipage français, chefs et matelots, rivalise d'ardeur et de courage. La fougue est telle que tous envahissent le pont ennemi, et que c'est à grand'peine que Pitot peut retenir autour de lui sept hommes sur le *Hook*.

L'enseigne Le Huby[1], le premier à s'élancer, tombe entre les deux navires, où il pouvait être broyé, et se blesse à la jambe. Sa blessure ne l'arrête pas ; il remonte sur-le-champ, saute à bord de la *Résolution*, suivi de l'enseigne Le Douarin[2], de l'aspirant Le Bozec[3], du maître canonnier Perrot, des matelots Beaumare et Doré.

« Le Douarin s'élance, le pistolet d'une main et le sabre de l'autre, s'ouvre un passage à travers la haie ennemie, se porte sur le capitaine, qu'il renverse, et s'empare de ses armes. »

Doré, soldat de marine, blessé d'une pique restée dans la plaie, l'arrache, brûle la cervelle à celui qui l'a blessé, et se sert de la pique, teinte de son sang, pour poursuivre sur le pont les Anglais qui résistent encore.

Trois quarts d'heure de combat et une demi-heure d'abordage suffisent au brave Pitot pour enlever le navire ennemi, plus fort que le sien. Il l'amarine et le conduit triomphalement à Brest.

La Convention, sur le compte que lui rendit de ce beau fait d'armes

---

[1] Le Huby (Pierre-François), né à Agon (Manche) en 1757. A treize ans, il entra dans la marine comme volontaire. En 1792, il était enseigne ; en 1793, lieutenant ; à la fin de la même année, capitaine de vaisseau de deuxième classe, et de première en 1803. Quand il quitta le service, il avait à son actif dix-huit campagnes, deux combats et plusieurs blessures.

[2] Le Douarin (François-Fidèle-Armand), né à Quimper en 1770, était volontaire en 1784 et enseigne en 1792. Il était au combat du 13 prairial an II, fut fait prisonnier sur l'*Alexander*, et passa deux ans sur les pontons anglais. Il paraît qu'à son retour en France il quitta la marine.

[3] Le Bozec (Pierre-Marie), né et mort à Bréhat (Côtes-du-Nord), 1769-1829, entré mousse dans la marine à treize ans, devint capitaine de vaisseau en 1816, et fut mis à la retraite en 1828.

le ministre de la marine, accorda par décret, à tous les marins du *Hook* un avancement extraordinaire, et trois mois de solde supplémentaire.

## L'*URANIE* CONTRE LA *THAMES* (LA *TAMISE*)

La dernière rencontre particlle de l'année 1793 fut celle de l'*Uranie* et de la *Thames*.

L'*Uranie*, frégate de 40, aux ordres du capitaine Tartu, avait, en compagnie de la *Médée*, fait, sur les côtes d'Espagne, une croisière d'un mois, pendant laquelle elle avait capturé bon nombre de navires marchands et quelques bâtiments de guerre, parmi lesquels une corvette espagnole, *l'Alcondia*, de 16 canons, qui sortait des chantiers de Bilbao.

Elle était séparée de la *Médée*, quand elle fit la rencontre de la *Thames*, frégate anglaise de 44, commandée par sir James Cotes.

L'*Uranie* avait à son bord plus de 260 prisonniers, et son équipage était diminué de 60 hommes qu'elle avait mis sur ses prises. L'Anglais avait donc la supériorité en hommes et en canons ; cette considération n'arrêta point Tartu, qui accepta la lutte.

Elle ne dura pas moins de quatre heures et demie et causa des pertes sensibles aux deux combattants.

La *Thames*, dès le commencément de l'action, avait vu tomber, coupés par les boulets, la vergue de son grand hunier, son petit hunier et son perroquet de fougue ; ses manœuvres étaient hachées et ses voiles déchirées. Son feu s'était ralenti, et « elle ne tirait plus que par de longs intervalles. Toutes les pompes jouaient à bord et le sang coulait de tous les dalots [1] ».

Tartu allait commander l'abordage, « lorsqu'un boulet vint par le travers du banc de quart, qui blessa, à côté de lui, un mousse, en coupa un autre en deux, tua un timonier, et le renversa, en lui enlevant une jambe [2] ».

[1-2] Rapport du lieutenant Wuibert au ministre de la marine, du 27 octobre 1793. (*Archives de la marine.*)

Cet événement jeta, pour un instant du moins, le désordre et la confusion parmi l'équipage de *l'Uranie*, qui avait reçu d'ailleurs plus de 40 boulets en plein bois, quelques-uns à la flottaison, beaucoup dans la mâture et le gréement, et la *Thames* en profita pour s'éloigner, heureuse de n'être pas poursuivie.

Tartu tomba dans les bras de son fils, enfant de dix ans, qui ne l'avait pas quitté pendant toute l'action et avait montré autant de courage que de sang-froid [1].

Il mourut le soir même de sa blessure, et dit à ce fils qui l'embrassait : « Je meurs pour la liberté de mon pays, je meurs content ; apprends aussi à combatre pour elle, et sois toujours l'ennemi des tyrans. »

Tartu, avant de mourir, avait eu la satisfaction de voir fuir l'Anglais.

Le lieutenant Wuibert, qui prit le commandement de *l'Uranie*, la ramena en rade de l'île d'Aix ; elle remplaça son nom par celui de *le Tartu*.

La *Thames*, fort maltraitée, s'efforçait de gagner un des ports d'Angleterre ; mais elle fut rencontrée par la *Carmagnole*, qui l'attaqua, s'en empara, et la conduisit à Brest.

Il faut savoir être juste envers ses ennemis : ce ne fut qu'après une vigoureuse résistance que sir Georges Cotes se rendit au capitaine Zacharie, Allemand.

L'équipage vainqueur fit hommage du pavillon de la *Thames* à la Convention, qui ordonna de le suspendre à la voûte du salon de la Liberté, et décréta que le capitaine et l'équipage de la *Carmagnole* avaient bien mérité de la patrie.

Ce n'était là qu'une demi-justice, et probablement la Convention ignorait encore le rapport du lieutenant Wuibert au ministre de la marine, dans lequel on lisait, après le récit de l'engagement : « Je suis assuré que si *l'Uranie* n'avait pas eu à son bord 260 et quel-

---

[1] Le lieutenant Wuibert, dans le rapport précité, en recommandant au ministre, et par lui à la Convention, la veuve et les enfants du capitaine Tartu, ajoutait : « Il a dans ce moment à bord son fils âgé de dix ans, qui promet beaucoup. Ce malheureux et brave petit enfant n'a pas quitté son père pendant tout le combat. J'espère que quelque jour il pourra « vanger » sa mort et rendre des services à son pays. »

ques prisonniers, et plus de 60 hommes de son équipage de moins, dispersés sur trois prises, la frégate anglaise était enlevée à la troisième volée, parce que le brave Tartu aurait tenté l'abordage et, à coup sûr je l'eusse secondé. »

La société républicaine de Rochefort réclama. Sur cette réclamation, la Convention, mieux renseignée, étendit son décret au commandant et à l'équipage de l'*Uranie*, dont le brillant combat avait préparé le triomphe de la *Carmagnole*, et qui fut autorisée à garder le nom de *le Tartu*, depuis conservé dans la flotte[1].

---

[1] Tartu (Jean-François) était un ancien maître canonnier ; le département de la Loire-Inférieure l'avait envoyé comme premier député suppléant à la Convention. Il avait été attaché par l'État à la fonderie d'Indret, où il était resté plusieurs années.

Il reprit la mer avec le grade de capitaine et le commandement de l'*Uranie*. Son fils, embarqué avec lui, fut, malgré son jeune âge, nommé aspirant, et doté d'une pension de 500 livres sur le Trésor public.

# CHAPITRE II



Dix-sept cent quatre-vingt-quatorze, qui devait voir sur terre
la bataille de Fleurus et sur mer celle de Prairial, la première
grande bataille navale que la République livrait à l'Angleterre, n'eut
guère que deux ou trois engagements particuliers dignes de l'attention de l'annaliste.

## L'*ATALANTE*

Le plus brillant fut celui de l'*Atalande* contre le *Swiftsure*, qui
commença la réputation de Linois, le futur vainqueur d'Algésiras,
qui devait mourir comte de l'Empire et contre-amiral.

Il avait alors trente-trois ans et n'était encore que lieutenant de
vaisseau.

A peine de retour d'une longue campagne dans l'Inde, il avait
reçu de l'amiral Villaret-Joyeuse , qui l'appréciait déjà, le commandement d'une petite division de trois navires, avec mission d'avertir
le contre-amiral Vanstabel, qui amenait d'Amérique un convoi de
blé, des mouvements de l'escadre anglaise, et de faciliter l'entrée de
ce convoi dans le port de Brest.

Cette division se composait de l'*Atalante*, frégate de 38 canons,
sur laquelle Linois avait mis son pavillon, de la corvette *la Levrette*
et du brick *l'Epervier*. Elle fut assaillie par une violente tempête,

qui la dispersa, démâta l'*Atalante* de son petit mât de hune, et lui fit éprouver encore quelques autres avaries, qui ne purent être convenablement réparées à la mer.

L'*Epervier* avait disparu dans l'ouragan ; l'*Atalante* et la *Levrette* s'étaient ralliées et naviguaient de conserve, quand elles se trouvèrent au milieu d'un convoi de vingt-huit voiles ennemies. Deux vaisseaux s'en détachèrent *le Saint-Alban*, qui donna la chasse à la *Levrette* et *le Swiftsure*, qui s'attacha à l'*Atalante*.

Celle-ci était une bonne marcheuse, mais elle avait été assez maltraitée par le coup de vent qu'elle avait essuyé ; le *Swiftsure*, fin voilier, vaisseau de 74, de 620 hommes d'équipage, et bien commandé, gagnait la frégate.

La chasse avait commencé à midi, et à 6 heures les deux bâtiments étaient assez rapprochés pour pouvoir échanger les premiers coups de canon.

Le 6 mai, dans la soirée, le feu commença, pour s'éteindre avec le soleil.

Linois avait compté sur la nuit pour dérouter son adversaire et échapper à sa poursuite ; mais le capitaine Royls ne se laissa point tromper, et le *Swiftsure* continua sa chasse, toujours en vue et à portée du canon.

Dès que la brise commençait à mollir, tout le monde à bord de l'*Atalante*, officiers et matelots, se mettait aux avirons, et la frégate gagnait quelque avance ; quand elle fraîchissait, le vaisseau reprenait l'avantage.

La poursuite continua ainsi sans interruption durant deux jours et deux nuits, pendant lesquels des coups de canon s'échangèrent ; mais avec le troisième jour le combat devint inévitable, et il fallut s'y préparer.

« L'équipage, bien qu'il eût passé la nuit au canon, et qu'il n'eût pris que du biscuit et de l'eau-de-vie avait conservé sa gaieté, que l'état-major entretenait par des chansons patriotiques, et il paraissait disposé à bien mériter de la patrie[1]. »

---

[1] Rapport de Linois au ministre de la marine, du 5 mai 1794. (*Archives de la marine.*)

# LES PREMIERS COMBATTANTS

## DE LA MARINE RÉPUBLICAINE

### LINOIS (COMTE CHARLES-ALEXANDRE-LÉON DE)

Né à Brest le 27 janvier 1761, mort à Versailles en 1848.

### PITOT (FRANÇOIS-MARIE)

COMMANDANT LE HOOK

Né à Morlaix, le 20 janvier 1767.

# LES DEUX RENAUDIN

### RENAUDIN (JEAN-FRANÇOIS)

COMMANDANT DU VENGEUR

Né à Saint-Martin-du-Gua (Charente-Inférieure)
le 13 juillet 1750, mort au même lieu le 1er mai 1809.

### RENAUDIN (MATHIEU-CYPRIEN)

CAPITAINE EN SECOND DU VENGEUR

Né à Saint-Denis (île d'Oléron) le 27 mars 1757, mort en 1836.

Comme tous étaient résolus à se battre à outrance, le pavillon fut cloué à la corne d'artimon, au chant de la *Marseillaise*

A 2 heures et demie, par une nuit sombre, le combat commença. La première volée du vaisseau démonta deux canons dans la batterie de l'*Atalante*, et un peu plus tard une pièce du gaillard creva ou fut coupée.

Le second, César Bourayne [1], blessé dès le commencement de l'action au bras et à la jambe, avait refusé de quitter son poste. Linois lui-même, renversé par un éclat de bastingage, ou plutôt, comme il l'a écrit, « par les fragments d'un malheureux matelot qui venait d'être coupé à côté de lui [2] », se releva et remonta sur son banc de quart.

Vraiment c'était merveille que de voir une frégate de 38 prêter le flanc à un vaisseau de 74, lui rendre coup pour coup et prolonger si longtemps une lutte aussi inégale. Vainement le capitaine anglais, en sommant le français de se rendre, lui

Une batterie dans un entrepont.

criait-il que c'en était assez pour son nonneur et pour celui de son pavillon : Linois ne répondait que par le canon. Cependant le quatrième jour au matin, jugeant que la défense ne pouvait aller plus loin, il fit cesser le feu.

La frégate était criblée de boulets, ses vergues rompues, ses manœuvres hachées ; elle faisait trois pieds d'eau à l'heure par une

[1] Bourayne (Joseph-César, baron de), né et mort à Brest, 1768-1817, était lieutenant en 1793, capitaine de frégate en 1796, de vaisseau en 1803. Commandant de la *Canonnière*, il prit le *Laurel*, portant 30 canons, et avec une frégate de 40 il soutint, le 21 avril 1806, une lutte glorieuse contre le *Tremendous*, vaisseau de 74, qu'il désempara et força à s'éloigner du lieu du combat.

[2] Rapport de Linois au ministre de la marine du 5 mai 1794. (*Archives de la marine.*)

belle mer, sept par une mauvaise. L'équipage décimé n'avait plus de bras ni pour les pièces ni pour les pompes.

A la demande qu'on lui faisait de déclouer le pavillon : « Non, non, répondait Linois, laissons ce soin à l'ennemi, » et presque en même temps un boulet, comme obéissant à sa parole, coupa la corne et fit tomber le pavillon.

Tous ses canots avaient été criblés et mis hors de service. Il ne lui en restait pas un à mettre à la mer, et le capitaine Boyls fut obligé de lui envoyer le sien, pour l'amener à son bord, où il reçut un accueil digne de sa belle défense. Quand, suivant l'usage il présenta son épée au vainqueur : « Vous vous en servez trop bien, lui dit le commandant du *Swiftsure,* on ne désarme pas un brave comme vous, » et il ne voulut pas la prendre, même pour la rendre immédiatement ; elle ne quitta pas la main de Linois.

Après dix mois de captivité, il rentra en France, où il eut immédiatement un commandement. De nouveaux services lui conquirent le grade de contre-amiral, et, à sa mort, son nom a été gravé sur l'arc de triomphe de l'Etoile, à côté de ceux de Renaudin, de Cosmao, de Bruix, de Truguet et de Villeneuve[1].

## LA *VOLONTAIRE* ET L'*ESPION*

La baie d'Audierne vit le même jour, le 23 août 1794, deux combats qui ne furent pas sans honneur pour nos marins, ceux de la *Volontaire* et de l'*Espion,* qui, attaqués par des forces supérieures, se défendirent vaillamment et ne cédèrent qu'au nombre.

La *Volontaire,* frégate de 36, commandée par le lieutenant Jacques Papin, fut rencontrée par six frégates. Songer à engager une lutte eût été folie ; le seul parti à prendre était de tâcher d'échapper à un ennemi aussi nombreux. La *Volontaire* prit donc

---

[1] Linois (Charles-Alexandre-Léon Durand, comte de), né à Brest en 1761, mort à Versailles en 1848. Volontaire à quinze ans, il fit la guerre de l'Indépendance, prit part à beaucoup d'engagements, battit les Anglais dans plusieurs rencontres, notamment à Algésiras, mérita un sabre d'honneur et passa par tous les grades jusqu'à celui de contre-amiral.

chasse ; il était 4 heures et demie du matin, mais avant midi elle se trouvait entourée de tous côtés.

Elle avait gouverné sur la terre et à 1 heure elle était en vue de la côte. Elle mouilla, présenta son travers à l'ennemi, et eut l'honneur de commencer le feu. Son pavillon avait été cloué, comme celui de l'*Atalante*, à la corne d'artimon.

Portrait de Linois.

Pendant deux heures elle eut à soutenir le feu de quatre frégates, qui s'approchaient d'elle l'une après l'autre, et la foudroyaient d'une double bordée.

Ne pouvant résister plus longtemps à des ennemis qui se renouvelaient sans cesse, et ne voulant pas amener, elle coupa son câble et se laissa affaler à terre, où elle s'échoua.

Elle avait tiré le premier coup de canon et elle tira le dernier sur les frégates anglaises qui s'éloignèrent, craignant le sort de la frégate française. Malgré la vivacité et la durée de l'engagement, la *Volontaire* n'avait eu qu'un homme tué et trois blessés ; tout son équipage fut sauvé ; mais les rochers ayant déchiré ses flancs, sa cale, les soutes à pain et à poudre se remplirent d'eau et la submergèrent. Elle ne put être relevée [1].

L'arc de triomphe de l'étoile où sont gravés les noms de Renaudin, Linois Cosmao, Truguet, Bruix et Villeneuve.

Conformément aux lois militaires, un conseil de guerre eut à examiner la conduite du lieutenant Papin. Sa décision, à la date du 26 vendémiaire an III, « attendu qu'avant, pendant et après le combat inégal qu'il avait essuyé, et dans lequel il s'était signalé par sa bravoure et son expérience, il avait tenu une conduite au-dessus de tout éloge », l'acquitta honorablement et à l'unanimité. Peu de mois après il fut nommé capitaine, avec le commandement de la *Concorde*.

[1] Rapport du lieutenant Magendie au ministre, du 23 août 1794. (*Archives de la marine.*)

Ce combat se terminait à peine qu'un autre s'engageait dans les mêmes eaux, et à peu de distance.

L'*Espion*, corvette de 18 canons et de 145 hommes d'équipage, avait touché sur la *Gamelle*, rocher de la baie d'Audierne. Deux frégates anglaises, *la Flora*, de 42 et *l'Arethusa*, de 44, l'ayant aperçue, s'approchèrent pour la canonner.

Le lieutenant Magendie, qui la commandait, fit ses préparatifs pour les recevoir. Comme son collègue Papin, il eut l'honneur du premier coup de canon.

Les Anglais tirant à boulets rouges, trois incendies éclatèrent à bord de l'*Espion*, qu'on éteignit non sans peine. Presque en même temps la mèche du gouvernail fut coupée, et six canons démontés ; le grand mât tomba, entraînant dans sa chute le mât d'artimon, et quatre boulets percèrent de part en part le mât de misaine. Ces graves avaries ne diminuèrent pas l'ardeur de nos canonniers, qui n'abandonnèrent leurs pièces que quand la corvette se coucha sur le côté à la mer descendante.

Alors le lieutenant Magendie fit embarquer dans ses chaloupes son équipage et tous ses blessés. Il quitta le dernier sa corvette emportant le drapeau national qu'il arbora sur son canot aux cris de *Vive la République !* et tous gagnèrent la terre à travers une grêle de mitraille [1].

Deux jours après, l'*Espion*, bien qu'il eût reçu un boulet à la flottaison, quatorze autres en plein bois, était relevé et conduit dans le port d'Audierne.

Nous retrouverons Magendie, capitaine de vaisseau, blessé à Algésiras, et capitaine de pavillon de l'amiral Villeneuve, à Trafalgar.

---

[1] Rapport du lieutenant Magendie au ministre, du 23 août 1793. (*Archives de la marine.*) — « Après une vigoureuse défense de quatre heures, le capitaine Magendie, voyant son navire échoué, gréements hachés, ses mâts coupés et ses batteries hors de service, met les chaloupes à la mer, sauve son équipage, quitte le dernier sa corvette, tenant à la main le pavillon national. » (*Notes sommaires* de M. de Branges, archiviste de la marine, qui nous les a communiquées avec un empressement et une bienveillance dont nous ne saurions trop le remercier.)

Nous reviendrons à la baie d'Audierne, avec le capitaine Lacrosse et nous assisterons, avec lui, au magnifique combat du vaisseau *les Droits de l'homme*, et au drame affreux qui le suivit, et auquel ne manqueront ni le naufrage, ni la faim, ni la folie, ni la mort.

# CHAPITRE III



## LE *VENGEUR*

L'année 1794 menaçait la France de la disette. Pour éloigner ces menaces, le Gouvernement avait fait acheter des grains en Amérique, et un nombreux convoi de blés et de farines, escorté par le contre-amiral Van Stabel, avait déjà quitté les États-Unis, et se dirigeait vers les côtes de France.

Le départ, la marche et la route de ce convoi, signalés en France, l'étaient aussi en Angleterre. Les deux peuples, alors en guerre, armèrent deux flottes, se donnant pour mission, l'un d'assurer l'entrée dans ses ports du convoi impatiemment attendu, l'autre de lui en interdire l'accès et de s'en emparer.

Représentant du peuple près les armées de la République.

La flotte française, forte de vingt-six vaisseaux et de quelques frégates, sortit de Brest le 8 prairial an II, commandée par le contre-amiral Villaret-Joyeuse, ayant avec lui sur la *Montagne*, autrefois l'*Océan*, le représentant du peuple Jean-Bon-Saint-André, qui écrivit plus tard le *journal* de la campagne.

La flotte anglaise, aux ordres de l'amiral Howe, composée de vingt-sept vaisseaux, dont quatre à trois ponts, d'un assez grand nombre de frégates et de bâtiments légers, croisait dans l'Océan.

Le 9 prairial les deux flottes se rencontrèrent pour la première fois, mais la journée se passa en reconnaissances et en évolutions.

Le lendemain 10, le combat s'engagea. Il ne dura pas moins de neuf heures, fut soutenu de part et d'autre avec une égale ardeur, causa aux deux adversaires une perte à peu près égale en hommes et en vaisseaux ; mais le champ de bataille resta au Français.

C'étaient pour eux un succès.

Leur armée, en effet, comptait moins de vaisseaux, et de moins forts, que l'armée anglaise. Leurs équipages avaient été formés à la hâte de paysans enlevés à leur charrue par la réquisition ; leur état-major, décimé par l'émigration, s'était recruté parmi les capitaines du commerce, les officiers auxiliaires de la marine, les pilotes et les simples matelots, dont les nécessités de l'époque avaient fait des commandants ; enfin leur amiral, lui-même, Villaret-Joyeuse, brave et intelligent d'ailleurs, n'était capitaine de vaisseau que depuis deux ans, quand il fut élevé tout à coup au grade de contre-amiral, et investi d'un commandement aussi important[1].

L'engagement du 10 n'était que le prélude de la grande bataille du 13. Un brouillard épais enveloppa les deux flottes pendant deux jours et les déroba l'une à l'autre ; mais, le troisième au matin, il se dissipa, et elles se retrouvèrent en présence. A neuf heures, elles étaient aux prises.

Le plan du vieil amiral Howe était de couper la ligne française,

---

[1] L'émigration, en enlevant à la marine ses anciens officiers, avait fait dans les cadres des vides qu'il fallait remplir. Le gouvernement fut obligé de faire appel à la marine marchande, à la course, au pilotage, aux jeunes officiers et aux vieux matelots. Aussi, parmi les vingt-six vaisseaux qui composaient l'escadre de Villaret-Joyeuse, neuf étaient commandés par de simples capitaines au long cours, quatorze par des lieutenants et sous-lieutenants de vaisseau, deux par des matelots et pilotes, tous promus récemment au grade qu'ils occupaient. Villaret-Joyeuse lui-même n'était capitaine de vaisseau que depuis deux ans, quand il fut nommé contre-amiral, en 1793, et bientôt après vice-amiral, en 1794. « Il n'y avait rien en lui d'un amiral, ni expérience du commandement supérieur, ni habitude des grandes manœuvres, ni plan, ni coup d'œil, ni improvisation sur le champ de bataille. » (Guérin, *Histoire de la marine.*) « Villaret-Joyeuse, disait Jean-Bon-Saint-André, est aristocrate, mais brave. »

comme le fit plus tard, à son exemple, son compatriote Nelson, à
Trafalgar. Elle fut coupée en trois endroits, notamment au centre, où
combattait Villaret-Joyeuse.

Grâce à une fausse manœuvre du *Jacobin*, matelot d'arrière de la
*Montagne*, celle-ci se trouva enveloppée par six vaisseaux ennemis.
au feu desquels elle répondit sans désavantage pendant près d'une

Portrait de Villaret-Joyeuse

heure, et dont elle sut enfin se débarrasser. « Elle soutint son nom
et jamais volcan n'avait vomi un torrent de feu comme ce vaisseau [1] ; » mais son capitaine avait été tué, l'amiral renversé de son
banc de quart ; un tiers de son équipage était hors de combat, sa
coque trouée et ses manœuvres hachés. Les vaisseaux anglais qui

[1] Rapport de l'amiral Villaret-Joyeuse au ministre de la marine, du
1er juin 1794.

lui avaient prêté le flanc, sans en excepter la *Queen-Charlotte* que montait l'amiral Howe, n'étaient pas moins maltraités qu'elle.

Partout, si on avait souvent mal manœuvré, on s'était bien battu. Après six heures « d'un combat sanglant et tel que l'histoire de la marine n'en offrair nul exemple [1] », des vaisseaux français et anglais, en nombre à peu près égal, rasés et désemparés, restaient en place sans pouvoir manœuvrer.

Si nos frégates eussent pris nos vaisseaux à la remorque, comme le firent pour les leurs les frégates anglaises, pas un des nôtres ne fût probablement tombé au pouvoir de l'ennemi. Mais, tandis que les Anglais exécutaient cette manœuvre de sauvetage, l'amiral Villaret-Joyeuse restait en panne, sans donner d'ordres. Cette inaction de deux heures, que tous les marins expérimentés lui ont reprochée, et que l'on ne saurait attribuer qu'à la volonté de Jean-Bon-Saint-André, laissa aux Anglais le temps de remorquer leurs vaisseaux et d'amariner les nôtres. Elle nous coûta sept vaisseaux, dont six pris et un coulé.

L'avantage pour nous de cette bataille fut de permettre, le jour même où elle se livrait, au convoi de Van Stabel de passer, sans être inquiété, à 25 lieues de là, à l'endroit où avait eu lieu le combat du 10, au milieu d'épaves flottantes, de gagner le port de Brest, de rassurer la France inquiète et d'y ramener l'abondance.

Parmi les vaisseaux dont les commandants se distinguèrent par leur intrépidité, dans la journée du 13 prairial, et auxquels l'histoire a accordé une mention d'honneur, il faut citer l'*Achille* et le *Sans-Pareil*, qui repoussèrent l'attaque successive de six ou sept vaiseaux ennemis; l'*Impétueux*, qui vit tomber sur leur banc trois de ses capitaines, et ne se rendit qu'avec ses mâts coupés, ses poudres mouillées et sa batterie basse submergée; enfin, le *Vengeur*, s'enfonçant aux cris de *Vive la République* [2] !

Le *Vengeur* !... si j'ai parlé de la bataille de Prairial, ce n'est

---

[1] Même rapport de l'amiral Villaret-Joyeuse.

[2] Il faut, pour réparer un injuste oubli, donner les noms des capitaines de ces vaisseaux : l'*Achille* était commandé par le citoyen de la Villegris; le *Sans-Pareil*, par le citoyen Courand; et l'*Impétueux*, par le citoyen Douville, qui lut dangereusement blessé.

pas pour en reproduire les détails, racontés par tous les historiens de la Révolution : c'est pour en détacher le glorieux épisode de ce vaisseau, redire son héroïque combat et sa fin plus héroïque encore.

Il avait trente-deux ans d'âge en 1795. D'abord le *Marseillais,* puis le *Vengeur du peuple,* et par abrévation, le *Vengeur,* ce vaisseau de 74 avait été construit en 1762, et refondu à Rochefort en 1788. Il avait pour capitaine en premier Jean-François Renaudin, et pour capitaine en second Mathieu-Cyprien Renaudin, cousins germains ; les fils des deux capitaines servaient comme mousses avec les pères.

François et Cyprien Renaudin étaient nés d'une famille de marins, peut-être de pêcheurs, l'un à Saint-Martin-du-Gua, en 1750, l'autre à Saint-Denis-d'Oléron, en 1757 [1].

François Renaudin, dont le nom est désormais inséparable de celui du *Vengeur* [2], n'avait reçu qu'une éducation imparfaite. Comme la plupart des officiers de ce temps-là, c'est à peine s'il savait lire et écrire. Il fit son apprentissage, fort jeune, dans la marine marchande, à laquelle l'emprunta la marine militaire.

Lieutenant de frégate auxiliaire — 1779, — puis entretenu — 1782, — sous-lieutenant de vaisseau — 1785, — puis lieutenant — 1792, — il avait commandé la flûte *la Dorade,* sur laquelle il avait eu quatre engagements qui lui avaient fait grand honneur ; après la *Dorade,* la frégate *l'Andromaque,* avec laquelle il avait soutenu un combat de huit heures contre un vaisseau et quatre frégates espagnols.

C'est après ces deux combats que la République, qui l'avait trouvé

---

[1] Tous les biographes qui, avant Jal, avaient parlé des deux Renaudin, s'étaient trompés sur la date de leur naissance et sur leur degré de parenté. Ils en avaient fait deux frères, et les avaient fait naitre, l'un en 1757, l'autre en 1761. Le rôle même d'équipage du *Vengeur* du 1er juin 1794, conservé à Brest, indique « Cyprien Renaudin comme frère du commandant et son premier lieutenant ». Jal, qui a vu leurs actes de l'état civil, a établi qu'ils n'étaient que cousins germains, et nés, François le 13 juillet 1750, et Cyprien le 27 mars 1757. (Jal, *Dictionnaire critique de biographie et d'histoire.*)

[2] « Le *Vengeur,* c'est Renaudin ; c'est par Renaudin que le *Vengeur* fut grand. » (Jal, ouvrage déjà cité.)

officier bleu [1], en fit un capitaine de vaisseau — 1793 — et lui donna le commandement du *Vengeur*, attaché à la flotte de Brest. Ce commandement, très court, dura toutefois assez pour immortaliser son nom.

Dans l'affaire du 10 prairial, Renaudin sut, en soutenant le feu de dix vaisseaux anglais, empêcher l'exécution du plan de l'amiral Howe, qui voulait couper la ligne française. La *Montagne* et le *Scipion* vinrent le dégager ; il avait de graves avaries.

Le 13 prairial, le *Vengeur* eut d'abord affaire à deux vaisseaux ennemis, dont l'un à trois ponts. Puis un autre, le *Brunswick*, en le rangeant de très près, l'accrocha avec son ancre. Liés ainsi l'un à l'autre, les deux vaisseaux dévièrent de la ligne et commencèrent un combat qui ne devait finir que par la destruction de l'un d'eux. Ils étaient si rapprochés, que les canonniers français ne pouvaient, faute d'espace, faire usage de leurs écouvillons en bois, tandis que les Anglais, qui en avaient en corde, pouvaient facilement se servir des leurs. L'anglais avait donc la disposition de toutes ses pièces, pendant que le français était réduit à celles de son avant et de son arrière. Malgré ce désavantage, elles furent si bien servies et si bien appuyées par la mousqueterie, que bientôt le capitaine du *Brunswick*, mortellement blessé, fut emporté et remplacé sur son banc ; qu'un grand nombre de ses officiers, soldats et matelots furent tués ou mis hors de combat ; que son pont désert n'offrait plus qu'une faible résistance et qu'un double incendie éclatait à bord.

Déjà, pour l'éteindre, plusieurs hommes du *Vengeur* étaient passés sur le vaisseau ennemi, qu'ils considéraient comme leur conquête, et Renaudin allait l'enlever, quand il fut assailli par deux nouveaux ennemis. C'étaient un vaisseau de 80 et le *Ramillies*, dont le capitaine, sir Henry Harvey, était frère du commandant du *Brunswick*. Voyant le danger qui menaçait ce dernier, sir Harvey s'était hâté de venir à son secours.

Loin de se laisser abattre, Renaudin communique son ardeur à

---

[1] On appelait *officiers bleus* les officiers auxiliaires, et on leur donnait ce nom à cause de leur costume qui était tout bleu, sauf les bas qui étaient blancs.

Les officiers du grand corps de la marine portaient l'uniforme bleu, au collet et aux parements rouges, avec veste, culotte et bas rouges.

sɔn équipage, et le combat recommence, non moins acharné, avec ces deux adversaires, qu'il force encore à s'éloigner.

Mais le *Vengeur*, dans ce nouvel engagement de près de deux heures, avait perdu tous ses mâts et un tiers de son équipage : l'eau avait pénétré dans les soutes et gagnait de toutes parts. Vainement des canons avaient été jetés à la mer et tous les bras valides mis

Les derniers moments du *Vengeur*.

aux pompes ; l'eau montait toujours et était déjà arrivée à l'entre-pont[1].

Renaudin, dans cette extrémité, fit amener son pavillon en berne. Les canots anglais s'approchèrent alors, et « reçurent tous ceux qui les premiers purent s'y jeter[2] ». Renaudin y prit place avec son fils

---

[1] « Il n'y avait pas un seul point de la guibre du *Vengeur* où l'on pût placer une règle de deux pieds de long sans toucher deux trous de boulets. » (Lettre du contre-amiral A.-J. Griffiths, du 17 septembre 1838, *Revue britannique* d'août 1839.)

[2] Rapport du capitaine Renaudin, du 1er messidor an II. (*Archives de la marine*, et Jal, *Dictionnaire critique de biographie et d'histoire*, *Revue britannique* d'août 1839.)

et deux cent soixante-sept hommes de son équipage. Mais les malades et les blessés, au nombre de deux cent six, étaient restés sur le *Vengeur*, qui s'enfonçait peu à peu. Ces malheureux, « les mains levées au ciel, et poussant des cris lamentables, imploraient du secours »; quand ils virent qu'ils l'attendaient inutilement et que le *Vengeur* sombrait, l'enthousiasme étouffa la crainte de la mort, « leur dernier vœu fut pour la patrie et leur dernier cri : « Vive la Nation ! Vive la République ! » Ils disparurent dans le gouffre béant...

« Plusieurs hommes revinrent à la surface, les uns sur des planches, d'autres sur des mâts et des débris du vaisseau. Ils furent sauvés par un cutter, une chaloupe et quelques canots [1]. »

Et dire que si Villaret-Joyeuse, s'inspirant des événements et ne tenant compte des ordres du commissaire de la Convention, qui avait quitté le pont après les premières volées, eût envoyé une remorque au *Vengeur*, comme l'amiral Howe en avait fait porter une au *Brunswick*, cette catastrophe eût été évitée et deux cent six hommes arrachés au gouffre !...

Conduit à bord du *Culloden*, Renaudin y trouva les soins et les égards dus au courage malheureux.

En Angleterre, Tavistock lui fut assigné comme résidence; il y resta deux mois, jusqu'à son échange avec le capitaine Georges Oakes, qui se montra d'une courtoisie de gentleman pour le commandant du *Vengeur* [2].

---

[1] Rapport du capitaine Renaudin.

[2] Lorsque l'échange des deux prisonniers eut été accepté par l'Amirauté anglaise, le capitaine Oakes s'empressa de l'annoncer à Renaudin par la lettre suivante :

« Monsieur, j'ai l'honneur de vous informer qu'ayant été fait prisonnier de
« guerre, le 12 janvier dernier, par l'amiral Van Stabel, il m'a mis à terre à
« Norfolk, en Virginie, le 12 avril, sur ma parole d'honneur de ne pas servir
« mon pays jusqu'au moment où je serai échangé contre un officier de mon
« rang.

« Comme il m'a été représenté que votre conduite a été très brave dans le
« dernier combat avec le comte Howe, et que vous désirez beaucoup de retour-
« ner dans votre famille, j'ai le plaisir de vous annoncer qu'un ordre a été
« envoyé aujourd'hui à Tavistock pour vous relever de votre parole, à condi-
« tion que je sois aussi relevé de la mienne. Je vous félicite sur cet événement
« et vous souhaite un heureux passage en France et le plaisir de trouver votre
« femme et votre famille en bonne santé...

« Lorsque j'ai été prisonnier, j'ai reçu beaucoup d'honnêtetés de la part du

Tandis que Renaudin rédigeait à Tavistock son rapport, docu-
ment précieux pour l'histoire, resté longtemps enseveli dans les
archives du ministère de la marine, d'où l'a exhumé pour la première fois Jal, l'historiographe, Jean-Bon-Saint-André faisait à la
tribune de la Convention — 16 messidor an II, — le récit quelque
peu fantaisiste, avec additions ou réticences selon le besoin, des
combats des 10 et 13 prairial.

« capitaine Pillet, qui commandait le *Jean-Bart;* si vous le connaissez et si vous
« avez l'occasion de le voir, je vous prie de lui dire que je me ferai toujours
« un plaisir de rendre tous les services qui seront en mon pouvoir dans ce
« pays à lui et à ses amis, qui pourraient tomber dans nos mains. Je serais
« bien aise d'apprendre de ses nouvelles.
« Si vous avez besoin de quelque chose qu'il soit en mon pouvoir de vous
« offrir pour faciliter votre retour en France, vous avez mon adresse ; j'aurai
« toujours beaucoup de plaisir à vous être utile. Il pourrait se faire que vous
« eussiez besoin de quelques guinées ; si cela est, je vous prie de me le mar-
« quer et d'agir avec moi sans cérémonie ; je prendrai la plus prompte occa-
« sion de les faire passer à l'agent des prisonniers.....

« G. Oakes.

« J'ai l'honneur.....

« 18 juillet 1794. »

A cette lettre obligeante et courtoise, Renaudin, « officier de grande valeur,
mais de peu d'éducation et républicain très ardent, » répondit :
« J'ai vu avec plaisir, capitaine, que le Gouvernement avait jeté les yeux
« sur moi pour vous dégager de la parole d'honneur que vous avez donnée à
« l'amiral Van Stabel.
« *Éloignez, je vous prie, d'un vrai républicain les louanges que vous voulez*
« *bien faire sur la manière dont je me suis comporté à l'affaire dernière. C'est*
« *celle de mon devoir, et je suis convaincu que tout vrai Français pense comme*
« *moi et en aurait fait autant.*
« Je désire, aussitôt mon arrivée en France, d'avoir l'occasion de me mesu-
« rer avec vous, et que je puisse être assez heureux de vous faire une pareille
« offre à celle que je ne puis accepter, n'en ayant nullement besoin.

« Renaudin. »

Cette lettre, assez sèche et d'assez mauvais goût, ne rebuta pas le capitaine
Oakes, et il y répondit par de nouvelles protestations et de nouvelles offres de
service.
« J'ai reçu, écrivait-il, l'honneur de la vôtre aujourd'hui, avec un certificat
« qui me dégage de ma parole donnée à l'amiral Van Stabel.
« Par la voiture, je vous envoie dix guinées, et me trouve très heureux
« d'être utile à un brave ; car je n'aurai jamais dispute avec un homme pour
« sa façon de penser. J'estime celui qui agit suivant ses principes et s'acquitte
« de son devoir envers son pays. La préférence que vous avez obtenue est en
« raison de votre bravoure.

« G. O. »

Cinq jours après — 21 messidor, — un plus disert, le rhéteur Barère, présentait à l'Assemblée un rapport plus poétique que vrai. Jetant un voile complaisant sur les fautes de son collègue de la Montagne, dissimulant la défaite de l'escadre de Villaret et mettant en lumière le magnifique combat du *Vengeur*, il appelait l'intérêt sur l'intrépidité, l'héroïsme et la mort glorieuse de son équipage. C'était détourner l'attention de l'Assemblée, et cacher habilement le principal sous l'accessoire.

« Un instant, disait l'orateur, ces hommes ont dû délibérer sur
« leur sort. Mais non, citoyens, nos frères ne délibèrent plus ; ils
« voient l'Anglais et la patrie ; ils aimeront mieux s'engloutir que
« de se déshonorer par une capitulation ; ils ne balancent point ;
« leurs derniers vœux sont pour la liberté et la République ; ils
« disparaissent !...

« Une sorte de philosophie guerrière avait saisi tout l'équipage.
« Tous montent ou sont portés sur le pont. Tous les pavillons,
« toutes les flammes sont arborés ; les cris « *Vive la République ! vive*
« *la liberté et la France !* » se font entendre de tous côtés. C'est le
« spectacle touchant et animé d'une fête civique plutôt que le
« moment terrible d'un naufrage. »

Arrière la fiction et les déclamations !...

Une fête civique célébrée par des blessés et des mourants au moment d'être dévorés par le gouffre déjà béant !... L'histoire et l'humanité donnent un démenti à la fable et à la rhétorique de Barère.

Après la tribune avec ses amplifications, vinrent la poésie avec ses odes et ses chants de triomphe, la peinture avec ses toiles brillantes. Ni la tribune, ni la poésie, ni la peinture ne surent rester dans la vérité, assez belle par elle-même, et dont la nudité n'avait pas besoin d'atours. Les phrases de Barère, les vers de Lebrun et de Chénier pâlissent devant l'humble prose de Renaudin ; c'est dans son simple récit qu'il faut chercher l'intérêt et l'émotion, et, en même temps, toute la vérité sans exagération et sans emphase.

« Le vaisseau *le Vengeur*, dit-il, approchait sensiblement du
« moment où la mer allait l'engloutir. Le danger s'accroissait de
« la manière la plus alarmante, malgré les efforts de l'équipage à
« pomper et à épuiser...

« L'eau avait gagné l'entrepont ; nous avions jeté plusieurs canons
« à la mer ; la partie de notre équipage qui connaissait le danger
« répandait l'alarme. Ces mêmes hommes, que tous les efforts de
« l'ennemi n'avaient pas effrayés, frémirent à l'aspect du malheur
« dont ils étaient menacés ; nous étions tous épuisés de fatigue ;
« les pavillons étaient amarrés en berne.

« Plusieurs vaisseaux anglais ayant mis leurs canots à la mer,
« les pompes et les rames furent bientôt abandonnées. Ces embar-
« cations arrivées le long du bord reçurent tous ceux qui, les pre-
« miers, purent s'y jeter.

« A peine étaient-ils débordés, que le plus affreux spectacle
« s'offrit à nos regards : ceux de nos camarades qui étaient restés
« sur le *Vengeur*, les mains levées au ciel, imploraient, en pous-
« sant des cris lamentables, des secours qu'ils ne pouvaient plus
« espérer ; bientôt disparurent et le vaisseau et les malheureuses vic-
« times qu'il contenait.

« Au milieu de l'horreur que nous inspirait à tous ce tableau déchi-
« rant, nous ne pûmes nous défendre d'un sentiment mêlé d'admi-
« ration et de douleur. Nous entendîmes, en nous éloignant, quel-
« ques-uns de nos camarades former encore des vœux pour leur
« patrie ; les derniers cris de ces infortunés furent ceux de : « Vive
« la République ! »

Voilà la vérité. Ne suffit-elle pas toute seule à la gloire du *Vengeur* et de son équipage ?...

A peine de retour en France, Renaudin reçut le commandement
du *Jemmapes*, qu'il échangea plus tard contre celui du *Républicain*
et le titre de contre-amiral.

Malgré le désir qu'il nourrissait d'une revanche contre les Anglais,
la fortune ne lui en ménagea pas l'occasion [1].

Il eut d'abord sous ses ordres une division de six vaisseaux, des-

---

[1] Ce désir, il l'exprimait dans une lettre au ministre de la marine, du
26 août 1794 : « Le désir que j'ai, disait-il, de reprendre sur les Anglais les
« avantages que la fortune nous a refusés m'a fait accepter le commandement
« du vaisseau le *Jemmapes*, et je me suis trouvé heureux de pouvoir, en cette
« occasion, sacrifier à mes devoirs les plus sacrés ma satisfaction particu-
« lière. »

tinée à croiser dans la Méditerranée, et fut nommé inspecteur général des ports militaires de l'Océan.

En mars 1799, une commission l'envoyait rejoindre l'escadre française dans les eaux de Capri. Le 10 germinal an VII — 30 avril, — il était à Gênes, et il écrivait au contre-amiral Vence une lettre intéressante par les détails qu'elle donne sur l'expédition de l'armée en Italie :

« Je vous ai promis, mon cher général, de vous donner de mes
« nouvelles aussitôt mon arrivée à Gênes, et je m'empresse de tenir
« ma parole, en vous apprenant que j'y suis arrivé hier et que je
« compte en partir demain matin.

« J'ai vu le consul Belleville : il m'a confirmé la nouvelle de
« l'entier envahissement de la Toscane et du départ du grand-duc
« pour Venise d'où, dit-on, il ira à Vicence.

« Nous n'avons trouvé qu'une corvette à Livourne, que le grand-
« duc avait fait préparer pour le roi de Sardaigne, et que celui-ci
« avait refusée, en faisant dire à son cousin de la garder pour lui.
« Les Anglais, malheureusement avertis à temps, n'ont rien laissé
« dans les magasins.

« L'armée d'Italie a passé l'Adige et doit être maintenant en pos-
« session de Vérone : 20,000 prisonniers sont déjà les fruits de ses
« travaux. Elle forme maintenant l'aile droite d'une grande et for-
« midable armée, dont le centre est commandé par Masséna et la
« gauche par Jourdan ; je veux dire que les trois armées se donnent
« la main.

« Le roi de Sicile a été obligé de quitter Palerme et habite Messine.

« Adieu, mon cher général, je vous recommande de me faire
« passer mes lettres et surtout d'y joindre un mot de vous. En le
« faisant, vous obligerez sensiblement celui de vos camarades qui
« vous est le plus attaché.

« RENAUDIN.

« *P. S.* Permettez que nos camarades Etienne et Emériau retrou-
« vent ici l'assurance de mon amitié[1]. »

---

[1] Ces deux lettres inédites font partie, l'une de ma collection d'autographes, l'autre de celle de M. G. La Caille, juge au tribunal de la Seine, à l'obligeance duquel j'en dois la communication. Elles sont publiées pour la première fois, ainsi que celle de Cyprien Renaudin.

A son retour d'Italie, il fut nommé commandant des armes à Toulon, et garda ces fonctions jusqu'à l'époque de sa retraite, en 1800. C'est vers ce temps qu'il adressa à l'amiral Bruix la lettre suivante :

« A Toulon, le 9 vendémiaire an VIII de la République française, « une et indivisible.

« Je vous préviens, mon cher amiral, que j'ai remis le comman- « dement des armes au contre-amiral Vence aujourd'hui. Je ne « demande que du repos pour quelque temps ; mais j'eus désiré « que le ministre, au lieu de me faire dire verbalement que je puis « m'en aller chez moi, m'eût fait l'honnêteté de me l'écrire. Cepen- « dant, je ne m'en plains qu'à vous, mon cher amiral, et je pars « tranquillement pour Rochefort, où j'attendrai des ordres.

« Si vous avez occasion de faire apercevoir combien j'ai été sen- « sible à un procédé qu'on ne devait pas exercer envers un officier « général, je m'en rapporte à vous. Dans tous les cas, conservez- « moi votre amitié et recevez l'assurance de mon sincère et respec- « tueux attachement.

« Renaudin.

« P. S. — Le c. Quesnel, mon secrétaire intime, est parti pour « Paris, il est porteur d'une lettre pour vous, je vous le recommande « de nouveau comme un jeune homme vraiment méritant. Vous « recevrez cette lettre la première, car il reste quelques jours à « Marseille. »

Les ordres qu'il attendait à Rochefort, et qu'il y reçut après quelques mois de repos, furent ceux de sa mise à la retraite. Il n'avait encore que cinquante ans d'âge, dont la moitié environ pas- sée au service.

Il se retira à Saint-Martin-du-Gua, où il était né, devint maire de sa commune et fut nommé chevalier de la Légion d'honneur, à la création de l'ordre. Il y mourut en 1809, au milieu d'une population fière de son premier magistrat, et qui l'avait entouré, dans ses paci- fiques fonctions, de ses respects et de son affection[1].

---

[1] Comme son cousin et son ancien commandant, Cyprien Renaudin devenu de simple matelot (1781) capitaine de vaisseau (1794) se retira, à

Après sa mort, l'État, pour perpétuer le souvenir de son nom, l'a donné à l'un des bâtiments de la flotte. Cet honneur à la mémoire de Renaudin a blessé un écrivain, l'un des plus autorisés de notre marine, M. G. de la Landelle, qui a écrit pour la *Revue de France* l'histoire, malheureusement interrompue, du trois-ponts *l'Océan*. Il lui a reproché de « n'avoir pas su être héroïque jusqu'au bout ; » d'avoir abandonné son vaisseau plus d'une demi-heure avant sa submersion, en y laissant 206 de ses matelots, et d'avoir ainsi « violé cette sublime consigne navale : Si malgré ses efforts, la perte du bâtiment est inévitable, le capitaine ne le quittera que le dernier. »

Cette appréciation a-t-elle fait assez la part des circonstances, et n'est-elle pas trop rigoureusement sévère ? Sans doute il eût mieux valu pour la gloire de Renaudin qu'il ne se fût pas séparé de ses matelots, qu'il eût été le dernier à abandonner son vaisseau démantelé, mais flottant encore, que la submersion l'eût englouti avec les 206 hommes qui restaient à bord, et qu'il n'eût été sauvé, comme 25 ou 30 d'entre eux, que sur des débris du naufrage ; mais il ne faut pas trop exiger de l'humanité, et permettre qu'un instant de défaillance fasse oublier de longues heures de courage et de dévouement.

Si nous voulons nous rappeler que Renaudin avait, le 10 prairial, soutenu, sans faiblir, le feu de dix vaisseaux ennemis, et le 13,

l'époque de sa retraite, à Saint-Denis d'Oléron, lieu de sa naissance, où il mourut en 1836. C'était un brave officier, mais d'une instruction plus que négligée ; on en jugera par la lettre suivante écrite de la quarantaine de Toulon, le 13 germinal an VIII, au contre-amiral Vence :

    « Citoyen général,

« Je prands la libertée de vous informer que le Conseil de sanitée à délibere
« que nous ferions notre quarantaine sur rade. Cette mesure à sant doute
« été prise par des causes indispansables, au queles nous sorons nous con-
« former sans murmures. Mais s'il on eu pu néanmoins nous acorder la
« faveur de la faire à terre tous nous orait mis à mêmes de rafermir la santé
« de plusieurs d'entre nous qui avons besoin des soins que nous ne pourons
« nous procurer sur les bâtiments que l'on nous destinent.

    « Veuilles je vous prie, citoyen Général, faire pour nous tout ce qui sera
« en votre pouvoir pour améliorer notre sort. Nous espérons tout de vos
« bontées.

    « Salut et respect.

                        « Cyprien Renaudin. »

durant six heures, lutté contre trois ensemble ; que ce ne fut
qu'abandonné du reste de l'escadre, rasé comme un ponton, troué,
faisant eau de toutes parts, et menacé de sombrer d'un instant à
l'autre, que le *Vengeur* amena ses couleurs ; que le capitaine pouvait espérer que les embarcations anglaises qui entouraient son
vaisseau seraient suffisantes pour le sauvetage ; enfin, que père,
il avait près de lui son jeune fils, au salut duquel il devait songer,
nous serons heureux de reconnaître et de proclamer que la résistance de Renaudin fut héroïque, sa gloire entière ; qu'il mérita bien
du pays, et que le pays reconnaissant n'a fait qu'acquitter une dette,
en le récompensant pendant sa vie, et en inscrivant son nom, après
sa mort, sur le livre d'or de notre marine,

L'histoire de la catastrophe du *Vengeur* est devenue aujourd'hui
légendaire, mais que d'erreurs ont commises les écrivains, même
les plus consciencieux, qui l'ont racontée !

L'un — c'est Lamartine — a fait couper en deux, par un boulet,
Renaudin qui a survécu quinze ans à ce combat, et tirer par le *Vengeur*, au niveau de la mer, en sombrant, une dernière bordée, quand
toutes ses poudres étaient depuis longtemps mouillées. L'autre —
c'est M. Thiers — a noyé le capitaine, avec tout l'équipage ; celui-
ci a fait remorquer le vaisseau jusqu'à l'entrée du port de Portsmouth, où il l'a coulé : celui-là a fait mettre le feu à la sainte-barbe
par le capitaine et l'a fait sauter en l'air avec tous ses hommes [1].
D'autres ont accrédité des erreurs non moins grossières.

« Et voilà justement comme on écrit l'histoire ! »

Ecartons ces récits trompeurs ; ne tenons pour vrai que celui de
Renaudin lui-même, qui a servi de base aux estimables travaux de
Jal, de MM. Guérin et G. de la Landelle [2]. Tout simple qu'il est et
sans ornement d'aucune sorte, il suffira à l'honneur du nom de son

---

[1] Le *Vengeur* avait 723 hommes d'équipage ; 250 furent tués, 206 périrent
engloutis, 167 seulement survécurent à la catastrophe.

[2] C'est dans le *Dictionnaire critique de biographie et d'histoire* de Jal, dans
*l'Histoire de la marine contemporaine* de L. Guérin, dans *l'Histoire du trois-
ponts l'Océan* de G. de la Landelle, c'est surtout aux archives et à la bibliothèque du ministère de la marine, qu'il faut chercher des récits complets et
exacts des combats et de la fin du *Vengeur*, avec des documents authentiques.

auteur, à la gloire de notre marine et à l'immortalité du *Vengeur*.
Il nous permettra de répéter avec Lebrun :

> « Sous le flot qui les couvre entendez-vous encore
> « Ce cri : *Vive la liberté !*
> « Ce cri... c'est en vain qu'il expire,
> « Étouffé par la mort et par les flots jaloux.
> « Sans cesse il revivra, répété par la lyre.
> « Siècles, il planera sur vous ! »

La Convention, s'associant aux sympathies de l'opinion publique, ne pouvait pas ne pas chercher à perpétuer par un acte législatif le souvenir de la lutte héroïque du *Vengeur*. Un décret, voté d'enthousiasme, transmit son nom à un autre vaisseau, alors en construction sur les chantiers de Brest, suspendit son image à la voûte, attacha son rôle d'équipage à l'une des colonnes du Panthéon, et provoqua tous les arts à la célébration de tant d'héroïsme et de dévouement

# CHAPITRE IV

LE VAISSEAU *LES DROITS DE L'HOMME*
ET LE CHEF DE DIVISION LACROSSE

La Vendée pacifiée, Hoche, vainqueur à Quiberon, restait à la tête d'une armée de près de cent mille hommes, dispersée sur les côtes de la Manche et de l'Océan et condamnée au repos. Le général qui avait pris pour devise « *Res non verba* » avait horreur de l'inaction pour lui et pour les autres, et il cherchait pour les bataillons qu'il commandait une expédition utile et glorieuse.

Une grande nation, pensait-il, ne doit pas se borner à se défendre, il faut encore qu'elle sache attaquer. Pourquoi la République ne porterait-elle pas la guerre chez les Anglais, ses irréconciliables ennemis, dont l'or forme et entretient contre elle toutes les coalitions ; pourquoi ne les forcerait-elle pas à se défendre chez eux contre l'invasion ? Pourquoi ne répéterait-elle pas enfin :

> « Attaquons dans leurs murs ces conquérants si fiers ;
> « Qu'ils tremblent à leur tour pour leurs propres foyers !

Sous l'influence de ces pensées, son génie avait caressé le projet d'une descente en Angleterre. Il en avait même arrêté le plan, combiné les moyens d'exécution, calculé les chances de succès. Exposé par lui au Directoire, ce plan avait été adopté avec empressement ; mais plus tard le dénuement du Trésor força le Gouvernement à le restreindre à de moindres proportions, et à borner à l'Irlande l'invasion projetée à l'origine contre l'Angleterre.

Une flotte se réunit donc à Brest, aux ordres du vice-amiral Morard de Galles, et seize mille deux cents hommes commandés par Hoche, y furent embarqués.

Elle mit à la voile le 15 décembre 1796.

On avait eu le tort d'attendre l'hiver et la saison des tempêtes ; aussi fut-elle assaillie par de violents coups de vent qui la dispersèrent dès le second jour de sa sortie, de sorte que de tous ces vaisseaux les plus favorisés furent ceux qui virent les côtes d'Irlande et purent regagner sans avaries les ports de France.

Dans cette expédition ainsi avortée, le chef de division Lacrosse montait le vaisseau *les Droits de l'homme*, et il avait avec lui le général Humbert, six cents hommes de débarquement et sept cent cinquante d'équipage.

Jean-Baptiste-Raymond de Lacrosse avait déjà fait ses preuves.

Fils d'un lieutenant des maréchaux de France, petit-fils d'un capitaine de vaisseau, cousin par sa mère de l'amiral Bruix, il était sorti de l'école des gardes de la marine, et avait débuté par une laborieuse campagne dans les Indes orientales. Sa conduite au siège de Goudelour lui avait valu le grade de lieutenant.

Capitaine de vaisseau en 1792, il avait été chargé de pacifier la Martinique et la Guadeloupe et d'apaiser la révolte des noirs. Sa fermeté conciliante avait mené à bonne fin cette mission difficile, sans violences ni effusion de sang, et c'est lui qui fit reconnaître dans ces colonies le gouvernement républicain.

Rentré en France, il n'en fut pas moins arrêté comme suspect, et ne sortit de prison, après trois ans de détention, qu'avec la chute de la Terreur.

Le Directoire venait de le rappeler au service, en lui rendant son grade, et c'était comme chef de division qu'il prenait part à l'expédition d'Irlande.

Esclave des ordres cachetés qui lui avaient été donnés, il arriva dans la baie de Bantry où il n'y avait plus un seul bâtiment français, y croisa pendant huit jours en vue des côtes, y essuya plusieurs coups de vent et se décida, après l'inutilité de cette courte croisière, à regagner son port d'armement.

Il n'en était plus qu'à vingt-cinq lieues quand un brouillard épais le força à ralentir sa marche. Il diminua de voiles, attendant qu'il fût dissipé pour attaquer la terre ; mais, à travers la brume, il crut apercevoir dans le lointain deux forts bâtiments qui lui donnaient la chasse. Il reprit de son côté toute sa voilure pour se donner le temps de se préparer au combat.

La précaution n'était pas inutile, car il reconnut bientôt dans ces

Le port de Brest à la fin du dix-huitième siècle.

deux bâtiments, l'*Amazone*, frégate de 38 canons, et l'*Indéfati-gable*, vaisseau rasé de 74, commandé par sir Edward Pellew, qui devait devenir célèbre sous le nom de lord Exmouth.

Lacrosse eût peut-être conservé la distance qui le séparait de ses deux ennemis et évité l'engagement, si la rupture du bras du grand hunier de son vaisseau n'eût entraîné la perte de ses deux mâts de hune. Cet accident permit à l'*Indéfatigable* de le joindre, et à 5 heures un quart les deux vaisseaux se trouvèrent à portée de la voix.

Le vaisseau *les Droits de l'homme*, bien commandé, monté par un brave équipage, défendu en outre par 600 hommes de troupe, mais avarié, privé de ses deux mâts de hune et de sa batterie basse de 36, que la violence de la mer ne lui permettait pas de tenir ouverte, reçut la première bordée de l'*Indéfatigable*.

Lacrosse riposta vigoureusement avec son artillerie et toute sa mousqueterie. Le combat ne durait pas depuis une demi-heure que les deux capitaines savaient ce qu'ils valaient, et que l'un ne le cédait pas à l'autre en courage et en habileté.

Le commodore Edward Pellew manœuvra pour prendre *les Droits de l'homme* en enfilade, mais Lacrosse, qui l'avait deviné, le prévint, en le serrant de près pour l'aborder.

Craignant l'abordage, comme presque tous les capitaines anglais, sir Edward l'évita; mais il ne put le faire qu'en présentant son arrière au vaisseau français, position dont Lacrosse profita « pour lui envoyer, à longueur de refouloir, une seconde bordée, soutenue par un feu roulant de mousqueterie [1] », qui joncha de morts le pont de l'ennemi.

L'engagement durait depuis près de deux heures, sans avantage marqué de part ni d'autre, quand l'*Amazone* vint y prendre part. Elle s'approcha des *Droits de l'homme* à portée de pistolet, et lui lâcha toute sa bordée. Son dessein était de le prendre en poupe ; une manœuvre habile et rapide présenta aux deux ennemis, par le travers, le vaisseau français, qui put ainsi les combattre en même temps en faisant feu de tribord et de bâbord.

Ses pièces furent si bien servies, son feu si bien soutenu qu'il força, à 7 heures et demie, ses adversaires à l'abandonner et à s'éloigner pour se réparer.

Lacrosse de son côté, pendant cette heure de répit, pourvut aux réparations les plus urgentes, prit les mesures nécessitées par l'attente d'une nouvelle attaque, et fit rafraîchir son équipage, dont l'enthousiasme et le courage se manifestaient par les cris redoublés de : « Vive la République [2] ! »

La lutte ne pouvait manquer de reprendre plus vive et plus acharnée ; sir Edward n'était pas homme à renoncer à une prise qu'il

---

[1] Rapport du commandant Lacrosse au ministre, du 30 nivôse an V (19 janvier 1797). (*Archives de la marine.*)

[2] Même rapport. *Ibid.*

croyait certaine, et Lacrosse se fût plutôt laissé couler que de se rendre.

Le combat recommença avec la nuit ; il fut plus terrible et plus affreux que celui du jour. Sur les deux bords les mâts tombaient coupés par les boulets, les manœuvres pendaient hachées, les voiles trouées et déchirées n'étaient plus que des lambeaux. Dans l'obscurité et au milieu des détonations la voix puissante de Lacrosse et de Humbert s'entendait, criant : « Abordons, camarades, camarades ! » et plusieurs fois l'abordage avait été tenté, mais toujours évité par sir Edward.

Les boulets et la mitraille épuisés furent remplacés par des obus qui produisirent assez de ravages pour forcer les Anglais à s'éloigner pour la seconde fois, ne pouvant soutenir de si près un pareil assaut.

Il était deux heures du matin et l'on se battait avec acharnement depuis plus de huit.

Le lieutenant Châtelain, officier de manœuvres, venait d'être blessé. Le commandant Lacrosse lui-même, atteint au genou par un boulet mort, fut renversé.

Relevé et porté au poste des chirurgiens, il encourage ses hommes au milieu desquels il passe, en traversant les batteries. « Mes amis dit-il, jurez-moi, quoi qu'il arrive, de ne pas vous rendre. » — « Jamais, répond d'une voix l'équipage, jamais ! plutôt mourir ! » Et Lacrosse est remplacé par son second, Prévôt-Lacroix, qui, lui aussi, avait juré de ne pas amener, et qui continue le combat avec la même ardeur que Lacrosse l'a commencé [1].

Il ne finit qu'à la vue de la terre, lorsque chaque adversaire, menacé par le naufrage, dut songer à son salut, après treize heures d'un engagement pendant lequel dix-sept cents coups de canon avaient été tirés par le vaisseau *les Droits de l'homme*, qui avait épuisé ses munitions ; trois de ses officiers avaient été tués et sept blessés, deux cent cinquante hommes de son équipage mis hors de combat.

Le premier appareil posé sur sa blessure, Lacrosse s'était fait por-

[1] Prévôt-Lacroix, alors capitaine de frégate, qui eut sa part de gloire dans le combat des *Droits de l'homme*, est mort capitaine de vaisseau. Lacrosse l'avait vivement recommandé au ministre dans son rapport.

ter sur le pont. Il ne faisait pas encore jour; mais la lune qui se levait permit d'apercevoir, à moins de deux milles, les rochers de Penmarks, sur lesquels les vagues se brisaient en blanchissant.

Le naufrage était imminent. Le vaisseau *les Droits de l'homme* n'avait plus d'ancres, il les avait perdues dans la baie de Bantry; plus de câbles, ils avaient été coupés par les boulets ; plus de mâts, ils avaient été rompus ou abattus ; l'eau, pénétrant par les trous à la flottaison, avait mouillé les vivres et montait dans la cale.

Le 25 nivôse (15 janvier), à 7 heures du matin, malgré les efforts de l'équipage, qui ne pouvaient qu'être impuissants, il s'échoua dans la baie d'Audierne, en face de Plouzenet, à un quart de lieue de terre, sur un banc de sable.

L'*Amazone*, démâtée de son mât de hune, le côté criblé et dans le plus piteux état, s'était perdue une demi-heure avant lui, sur les rochers de Penmarks. Son équipage fut fait prisonnier.

Ce fut à grand'peine que l'*Indéfatigable* échappa au même sort. Rasé comme un ponton, jonché de morts et de débris, troué et faisant eau, ne pouvant plus gouverner, il n'évita que par miracle les brisants de la côte bretonne.

C'était la seconde fois en un an que sir Edward Pellew, sur l'*In-défatigable* et en compagnie de l'*Amazone*, était ainsi maltraité par les Français. Au mois d'avril 1796, il avait eu sous le cap Lézard un engagement des plus vifs avec le capitaine Bergeret, de la *Virginie*, qui l'avait désemparé et mis hors de combat, et qui l'eût probablement forcé à amener, sans l'intervention des frégates *l'Amazone* et *la Concorde*. Le combat et le naufrage n'étaient pour le courage de Lacrosse et de ses compagnons que le prélude d'autres épreuves non moins douloureuses. Après le combat était venu le naufrage, et après le naufrage allaient venir la faim, la soif, la fièvre, le délire et la mort...

Le vaisseau s'était échoué à une petite distance du rivage, mais une violente tempête qui s'éleva le rendit pendant cinq jours inabordable.

L'arrière des *Droits de l'homme* avait été emporté par les lames furieuses qui balayaient le pont ; la cale était submergée, et douze cents hommes, exténués de fatigue, constamment mouillés, exposés aux rigueurs des froides nuits de janvier, restèrent pendant cinq jours sans secours et sans vivres. Aussi, dans la sixième nuit, soixante hommes, dévorés par la fièvre et pris de délire, expirèrent-ils dans d'effrayantes convulsions.

Dès le premier jour, malgré le vent et la bourrasque, on avait tenté d'utiliser les canots ; à peine eurent-ils touché la lame, qu'ils furent emportés par elle comme une plume légère, et brisés sur les écueils qui bordent la côte.

On essaya d'un va-et-vient, construit avec des planches et des vergues de rechange ; vingt ou vingt-cinq hommes s'y hasardèrent ; quelques-uns arrivèrent à terre, plusieurs se noyèrent dans le trajet. Enfin, Lamandé, maître voilier, excellent nageur, se jeta courageusement à l'eau, s'efforçant de porter à terre une corde qui eût mis en communication la côte et le vaisseau ; mais, arrivé à moitié chemin, il fut obligé de renoncer à son entreprise.

Le second jour, on construisit encore des ras, dont on ne put faire usage ; mais le grand canot put conduire à terre une trentaine d'hommes. Il y resta, retenu par le vent et la violence de la mer.

Le troisième jour, on prépara la chaloupe pour les blessés ; deux femmes et six enfants, Anglais capturés sur la *Calypso*, soixante-dix à quatre-vingts hommes s'y étant jetés, malgré les officiers qui les repoussaient en vain, elle se brisa contre les flancs du vaisseau, et la plupart de ceux qui la montaient furent noyés. Ce fut dans cette catastrophe que périrent Châtelain et les officiers qui, blessés, avaient survécu au combat.

Le quatrième jour, le vent changea et permit à des embarcations d'Audierne d'aborder le vaisseau, et d'emporter le reste des blessés et trois cent cinquante hommes valides ; quatre cents environ restaient encore à bord. Le lendemain, c'était le cinquième jour du naufrage, le cutter *l'Aiguille* et la corvette *l'Arrogante* purent les embarquer et les mettre à terre. Sur mille trois cent cinquante hommes que portait les *Droits de l'homme*, neuf cent cinquante furent ainsi recueillis : Lacrosse fut le dernier à quitter son vaisseau qu'il avait si vaillamment défendu, et put sauver de l'Anglais, non des flots.

Dans un rapport du 19 janvier 1797 au ministre de la marine[1], Lacrosse avait signalé les actes de courage et de dévouement de son équipage et demandé pour lui des récompenses.

Ainsi, un aspirant, Bastide, chargé de la surveillance du pavillon, l'ayant vu tomber, n'avait pas hésité à plusieurs reprises à le relever et à le remettre en place, au milieu d'une grêle de balles. Le ministre lui alloua une gratification de trois cents livres en numéraire.

Deux capitaines anglais prisonniers s'étaient dévoués au sauvetage. L'un s'était jeté quatorze fois à la mer, et ne s'était arrêté qu'à bout de forces ; l'autre avait employé ses hommes à la construction de radeaux, et n'avait permis à aucun d'eux de s'en servir avant que le salut du dernier des Français n'eût été assuré. La Convention leur rendit la liberté, avec une gratification extraordinaire.

En réclamant pour les autres, Lacrosse s'était oublié, mais l'opinion publique réclamait pour lui.

---

[1] Ce rapport, peu connu, et écrit au moment de la catastrophe, nous a paru assez intéressant pour nous décider à en donner ici les principaux détails :

« Le 24 nivôse au matin, dit le commandant Lacrosse, je m'estimais à 25 lieues de terre, lorsqu'une brume épaisse me détermina à attendre qu'il fît beau pour attaquer la terre.

« A une lieue à peu près, j'aperçus à travers la brume deux bâtiments qui semblaient me donner la chasse. Je la pris pour me préparer au combat.

« A quatre heures un quart, les bras du grand hunier venant à manquer, je fus démâté de mes deux mâts de hune.

« A cinq heures un quart, l'ennemi, à portée de la voix, vint au vent par la hanche de tribord et m'envoya toute sa bordée ; je fis la même manœuvre, en lui envoyant la mienne, soutenue d'un feu terrible de mousqueterie.

« Je voulus ouvrir ma batterie basse, mais l'eau entrait à plein sabord, je fus obligé d'y renoncer.

« M'ayant présenté l'arrière, je profitai de cette position, en lui envoyant, à longueur de refouloir, une seconde bordée, soutenue d'un feu roulant de mousqueterie.

« A six heures trois quarts, la frégate prit part à l'action et nous lâcha sa bordée, à portée de pistolet... »

Parlant de sa blessure, Lacrosse, relevé et porté au poste, dit : « En descendant dans la batterie, j'assurai mon équipage que l'on n'amènerait pas. Un cri unanime fut répété : « Non jamais, capitaine, soyez-en sûr ! » Ce cri fut entendu par la frégate *l'Amazone*, qui s'échoua une demi-heure avant moi, démâtée de son petit mât de hune et le côté criblé.

« Enfin, mon brave camarade, j'apprends que vous vivez, lui écrivit Hoche, aussitôt après l'événement, et le gouvernement peut encore compter sur un homme dont il apprécie les talents et la bravoure. Votre combat vous a couvert de gloire ; il a montré aux Anglais ce qu'ils doivent attendre des marins français bien commandés. Grâces infinies vous en soient rendues.

« J'espère que sous peu vous recevrez des marques non équivoques de l'estime du Directoire et de la reconnaissance nationale. »

La lettre de Hoche ne devançait que de quelques semaines la nomination de Lacrosse au grade de contre-amiral, et le ministre de la marine Truquet la lui annonça par la lettre suivante : « Je n'ai pas perdu de vue, citoyen, le combat honorable que vous avez soutenu sur le vaisseau *les Droits de l'homme*, et le sang-froid dont vous montriez l'exemple dans votre naufrage.

« Le Directoire, à qui j'ai rendu compte de cette action, a trouvé juste de vous donner un témoignage de sa satisfaction, et je vous annonce avec plaisir que, sur ma proposition, il vous a élevé au grade de contre-amiral. »

Le nouveau contre-amiral ne faillit pas à sa dette de reconnaissance envers la France.

Peu s'en fallut qu'il n'entrât au Directoire, en remplacement de Rewbel ou de La Réveillère-Lepeaux ; les électeurs lui préfèrent Sieyès et le général Moulins.

Il était embassadeur en Espagne, quand, au dix-huit Brumaire, le ministère de la marine lui fut offert, qui, à son refus, fut donné à Decrès.

Capitaine général de la Guadeloupe, il rentrait en France sur la *Didon*. Ignorant la rupture du traité d'Amiens, il se trouva au milieu d'une flotte anglaise qui bloquait Brest. Douze vaisseaux se mirent à sa poursuite ; le commandant des *Droits de l'homme* se retrouva, avec son habileté et son audace. Non seulement il sut leur échapper, mais il enleva encore en leur présence la corvette *le Laurier*, qu'il fit entrer à Santander.

A la mort de l'amiral Bruix, l'Empereur le choisit pour le remplacer dans le commandement de la flottille de Boulogne, qu'il préserva des brûlots anglais, ce que ne sut pas faire l'amiral Allemand, à l'île d'Aix

La Restauration le trouva préfet maritime à Rochefort. Il s'était peu mêlé à la politique, que nous sachions, et cependant la Réaction de 1815 le destitua et raya son nom des contrôles de la marine.

Ce fut un acte d'ingratitude et d'injustice tout à la fois : car, pendant son gouvernement colonial, il s'était par sa droiture et sa fermeté aliéné les Jacobins agitateurs de la Guadeloupe, qui s'étaient emparés de sa personne, et ne lui avaient rendu la liberté qu'à la condition de quitter l'île, où il n'était rentré qu'avec le général Richepanse.

Le combat du vaisseau *les Droits de l'homme* est l'un des plus glorieux de la marine républicaine, et le nom de Lacrosse l'un des plus entourés d'estime et de considération [1].

---

[1] Lacrosse était né à Meilhan (Gironde), le 7 septembre 1761, et c'est à tort que MM. Levot et Donneaud, dans *Les gloires maritimes de la France*, le font naître en 1760, et M. de Bellecombe (*Biographie Didot*), en 1765.

Le premier combat auquel il se trouva fut celui livré par le comte de Guichen, sur l'*Argonaute*, à l'amiral anglais Kimpenfeld, en 1781.

Il était revenu, lors de sa retraite, dans son pays natal, et il mourut en 1829.

« Joignant à la bravoure et à l'habileté d'un officier de marine les talents d'un excellent administrateur, le nom de l'intrépide commandant des *Droits de l'homme* sera toujours honorablement cité dans notre histoire contemporaine. » (*A. de Bellecombe.*)

# CHAPITRE V



J'étais encore bien jeune, presque enfant, lorsque je m'arrêtai
pour la première fois devant une gravure qui représentait les combats de la *Loire*. Un capitaine de frégate, vieil ami de ma famille
qui m'accompagnait, me fit sur place, avec une chaleur communi-
cative, la biographie du commandant de la *Loire* et l'histoire de
ses combats.

« Segond, me dit-il, avec lequel j'ai servi, était *un loup de mer* :
nul ne savait mieux manœuvrer un navire ; c'était l'un des plus
habiles et des plus braves capitaines de la marine républicaine.
Brusque, emporté, mauvaise tête, mais bon et serviable, il s'est
toujours bien battu et a été deux fois prisonnier des Anglais, qui ont
rendu hommage à son intrépidité. Ses combats, dont tous les marins
ont conservé le souvenir, auraient mérité une récompense, et il
l'attendait à son retour des prisons d'Angleterre ; mais ses allures
indépendantes, son franc parler avaient déplu au ministre de la
marine, qui l'avait desservi auprès du Premier Consul. Abreuvé de
dégoûts, il fut forcé, à trente-sept ans, de donner sa démission, et
ce fut ainsi que la France, par les intrigues et les injustices de
quelques hauts fonctionnaires, se vit privée des services de l'un de
ses enfants les plus dévoués, et qui pouvaient lui être les plus
utiles. »

Cette conversation et le récit des cinq combats de la *Loire* et de
l'héroïsme de son commandant avaient fait sur ma jeune imagination

une vive impression. Souvent depuis lors il m'est arrivé de rencontrer dans nos ports de vieux marins en retraite, de les interroger sur le capitaine Segond, et tous m'ont parlé de lui et de ses hauts faits avec enthousiasme et admiration.

La lecture récente de quelques lettres inédites de Segond, et d'une brochure devenue fort rare, dont il adressa un exemplaire au Premier Consul, m'ont ramené au projet autrefois formé, et depuis abandonné, d'étudier et de connaître à fond la vie et les états de services d'un marin peu connu en dehors du monde maritime, et comme lequel l'Empereur, en admiration devant la gravure des combats de la *Loire*, regrettait de ne pas en avoir plusieurs dans sa marine[1].

Adrien-Joseph Segond naquit à Montluçon (Allier), le 10 mai 1769, d'une famille peu aisée, qui put à peine lui donner les premiers éléments de l'éducation.

Bien que né dans une ville d'intérieur, une vocation prononcée en fit un marin. Il n'avait pas quatorze ans, qu'il s'embarquait, comme mousse, sur le *Henri IV*, avec lequel il faisait dans l'Inde sa première campagne ; elle dura dix-neuf mois, et fut pour lui un rude, mais fructueux apprentissage de son métier.

A dix-neuf ans, il servait comme enseigne de vaisseau sur la *Madame ;* à vingt-trois, comme lieutenant sur l'*Émilie*, et un peu plus tard sur le *Tyrannicide*. Il avait débuté dans la marine par la course ; la guerre de 1793 réveilla son amour pour la vie aventureuse des corsaires. Il quitta momentanément la marine militaire et prit le commandement de l'*Active*, brick armé de quelques pièces de canon. Il ne fut pas heureux dans cette tentative ; l'*Active*, dès

---

[1] La plupart des biographies ont gardé le silence sur le capitaine Segond, et celles qui en ont parlé ne lui ont consacré que peu de lignes.

Van Tenac, dans son *Histoire générale de la marine*, n'en dit pas un mot, et F. Chassériau, dans son *Précis historique de la marine française*, se contente, parlant de la division Bompard, d'écrire : « Le vaisseau et trois frégates sont pris ; trois autres frégates sont successivement capturées. L'une de ces dernières frégates, *la Loire*, capitaine Segond, a soutenu cinq combats glorieusement acharnés avant de se décider à amener ses couleurs. »

Plus justes, Guérin (*Histoire de la marine*), Hennequin (*Biographies maritimes*), P. Levot et A. Boneaud (*Les gloires maritimes de la France*), A. Jal (*Scènes de la vie maritime*), la Biographie Michaud et quelques autres écrivains ont payé à la mémoire de Segond leur tribut d'admiration.

sa première croisière, fut capturée et Segond conduit en Angleterre.

Il eut pendant sa détention, qui n'était pas d'ailleurs rigoureuse,
l'occasion de visiter Weymouth, petit port où le roi Georges III avait
l'habitude de venir presque chaque année prendre ses bains. Il étudia
la disposition des lieux et les défenses qui les protégeaient, se rendit compte des habitudes du roi, du nombre et de la force de ses

Portrait du capitaine Segond.

gardes, et conçut le projet, des plus audacieux et des plus difficiles
à exécuter, d'enlever le monarque anglais et de l'amener prisonnier
dans le port de France le plus voisin ;

> « ... mais, pour être approuvés,
> « De semblables projets veulent être achevés... »

Toutefois, de retour en France, Segond les fit connaître au

ministre de la marine, lui en développa le plan, et ne demanda pour la réussite que deux frégates et un équipage de choix.

Après quelques objections, sa proposition fut acceptée, et les frégates *la Fraternité* et *la Bellone* mises à sa disposition.

Ses préparatifs furent bientôt faits, et il appareilla de la rade de Brest, mais il fut presque aussitôt assailli par une tempête qui le força à rentrer.

Il attendait impatiemment en rade le retour du beau temps et du vent favorable, quand une dépêche ministérielle lui apporta un contre-ordre.

D'où venait ce changement de résolution chez le ministre ?

Segond, paraît-il, avait, à la fin du dîner, cédant à un besoin d'expansion, fait à l'officier qui commandait sous ses ordres la confidence de son projet de descente à Weymouth. Le secret de ce projet était la condition de son succès ; or l'officier auquel Segond avait eu l'imprudence de le confier n'avait pas su le garder, et l'amiral-ministre Bruix en avait été informé.

C'est alors qu'il lui écrivit la lettre suivante, qui indique à la fois le faux et le vrai motif du contre-ordre :

« J'ai renoncé à regret à l'opération que vous étiez chargé de diri-
« ger. Des ordres formels pour mettre à exécution des projets diffé-
« rents sont les seules causes de ce changement.

« Je vous conserve estime et confiance. Je fais cas de votre zèle,
« de votre ardeur, de votre dévouement à la gloire et au succès de
« la République.

« Vous avez eu tort de confier le secret de votre mission, mais ce
« tort vous est pardonné. Profitez cependant de la leçon que les cir-
« constances vous donnent.

« Le Directoire vous prouve ses sentiments sur votre compte en
« vous faisant prendre rang parmi les capitaines de frégate ; je vous
« prouve mon attachement en vous confiant le commandement de la
« frégate *la Fraternité*. Je persévère dans l'opinion que je me suis
« formée de vous ; j'augure bien de votre civisme et de votre cou
« rage.

« Méritez, en vous distinguant, le grade qui vous a été promis pour
« une action d'éclat. Ne perdez pas de vue que votre position exige

« que vous soyez prudent et modeste, en même temps que vous
« donnerez carrière à vos talents et à votre énergie.

« Bruix. »

Cette lettre était pour le brave mais indiscret Segond une leçon, un
encouragement et une récompense.

Il prit le commandement de la *Fraternité*, mais ne le garda que
peu de temps, et l'échangea contre celui de la *Loire*. C'est sur cette
frégate qu'en cinq jours, et par cinq glorieux combats successifs, il
conquit ses titres à la célébrité.

Grâce au traité de Campo-Formio, la France, en paix avec les puissances continentales, n'avait plus pour ennemie que l'Angleterre. Il
venait d'éclater en Irlande une insurrection que la France seule
pouvait entretenir et développer, en envoyant aux insurgés des
secours d'hommes et d'argent.

Cette mission fut confiée au capitaine de vaisseau Savary et au chef
de division Bompard.

C'était la seconde expédition tentée contre l'Irlande. La première,
que dirigeaient Hoche et Morard de Galles, fut dispersée par la tempête. Celle-ci ne devait pas avoir plus de succès.

Le commandant Savary quitta la rade de Rochefort, le 6 août 1798,
avec trois frégates et une corvette, parvint, sans être inquiété, en
vue des côtes d'Irlande, et débarqua dans la baie de Killala le général Humbert, le corps de troupe de 1,150 hommes qu'il commandait
et le matériel nécessaire à l'expédition.

Bompard fut moins heureux. Il sortit de Brest, le 16 septembre
suivant avec un vaisseau de 74, *le Hoche*, huit frégates, un aviso et
3,000 hommes de débarquement ; mais il ne put, comme son collègue
le capitaine Savary, échapper à la surveillance des Anglais. Il fut
reconnu et suivi par deux de leurs bâtiments, *l'Ansion* et *l'Ethalion*,
qui durant vingt jours s'attachèrent à son sillage et ne le perdirent
pas de vue, malgré ses ruses et ses manœuvres pour les dérouter.

Arrivé dans la baie de Long-Swilly, le chef de division Bompard
se disposait en toute hâte à mettre à terre les troupes qu'il avait à
bord, quand apparut tout à coup une escadre, aux ordres de sir John

Warren, forte de trois vaisseaux, dont un de 80 et deux de 74, de deux vaisseaux rasés et de trois frégates.

Malgré l'infériorité de ses forces, l'amiral français n'hésita pas à accepter le combat. Il fut long et acharné, mais l'issue ne pouvait guère en être douteuse.

Le *Hoche*, attaqué par quatre adversaires, auxquels était venu se joindre encore le *Foudroyant*, vaisseau de 80, monté par l'amiral John Waren, fut obligé d'amener son pavillon. « Sa mâture chancelait, ses vergues étaient ruinées ; à la place de ses voiles on n'apercevait plus que quelques lambeaux déchirés ; ses ponts étaient encombrés de blessés, de morts et de mourants ; l'eau le gagnait rapidement par les trous des boulets dont il était criblé [1]. » Il lui fallait ou couler bas, ou se rendre ; il se rendit.

L'*Embuscade* et la *Coquille*, entourées de tous côtés par l'ennemi, éprouvèrent le même sort.

La *Bellone*, commandée par le brave capitaine Jacob, succomba après une triple lutte contre le *Foudroyant*, le *Mélampus* et l'*Ethalion* [2].

Il en fut de même de l'*Immortalité* et de la *Résolue*, qui ne se rendirent qu'après avoir soutenu un glorieux combat, dans lequel furent tués Bergeau, le capitaine de l'une des frégates, et le général Ménage.

La *Romaine*, la *Sémillante* et la *Biche* furent les seuls bâtiments

---

[1] Guérin. *Histoire de la marine*, p. 534, 535 et suivantes.

[2] Louis-Léon Jacob, né à Tonnay-Charente, en 1768, et mort à Paris en 1854, alors simple capitaine de frégate, est devenu amiral, pair de France et ministre de la marine.

Le combat de la *Bellone* est une des belles pages de la vie militaire de cet officier général. Quand il amena son pavillon, après trois engagements successifs contre deux vaisseaux et une frégate, la *Bellone* « avait presque tous ses mâts et ses vergues coupés, cinq pieds d'eau dans la cale et 35 hommes de son équipage tués ou gravement blessés. Au moment de sa reddition, le reste de sa mâture tomba. »

Trois ans auparavant, les 13 et 14 mars 1795, le lieutenant Jacob, appelé par ordre hiérarchique au commandement du *Ça-ira*, avait sur ce vaisseau soutenu un héroïque combat contre six vaisseaux anglais, et ne s'était rendu qu'après avoir perdu 600 hommes de son équipage, dont 200 tués, et parmi eux presque tous ses officiers.

de l'expédition assez heureux pour pouvoir échapper au désastre
et regagner les ports de France.

Restait la *Loire*... Ici commence et se déroule la glorieuse odyssée
du capitaine Segond, et la série des cinq combats qui ont illustré
son nom.

Bompard contraint d'amener son pavillon.

La *Loire* avait pris sa large part au combat général du 12 octobre
et, pour s'en retirer, il lui avait fallu passer sous le feu des vaisseaux
ennemis, qui l'avaient fort maltraitée.

Elle n'avait pas encore réparé ses avaries, quand elle fut rejointe
par l'*Anson*.

Segond, pour sauver sa frégate, eut recours à la ruse. Il ordonna
de hisser au-dessus du pavillon français le pavillon anglais, ce qui
lui donnait l'air d'un bâtiment amariné, et de ranger l'*Anson*, en
passant même audacieusement sous ses batteries. Mais le capitaine
Durham ne s'y laissa pas prendre. Il hèle d'abord la *Loire* qui ne

répond-pas et continue sa marche ; il lui envoie un coup de canon. Ne pouvant feindre plus longtemps, Segond fait amener le pavillon anglais et arborer les couleurs nationales ; en même temps il les appuie par toute une décharge de son artillerie, qui porte le désordre sur le pont ennemi. Celui-ci riposte et le combat s'engage, meurtrier et furieux ; Segond, par l'habileté et la promptitude de ses manœuvres, presse et fatigue son adversaire ; il le prend en travers, en avant, en arrière, en enfilade, et le met en un tel état, que la *Loire* peut s'éloigner sans que l'*Anson* ait l'envie de la poursuivre.

Le 15, elle est chassée par un vaisseau, une frégate et une corvette ; elle leur échappe. Mais le lendemain, 16, elle est de nouveau rencontrée par deux frégates et une corvette, *le Kanguroo*. Celle-ci, confiante dans l'état de délabrement de la frégate française, a l'imprudence de l'attaquer. L'engagement est vif et ne dure pas une heure. Le *Kanguroo* est démâté, désemparé, et eût été capturé sans l'approche des deux frégates, qui forcent de voiles pour lui venir en aide.

Segond comptait sur la faveur du vent pour s'éloigner de ces parages, et sur les ténèbres de la nuit pour se dérober aux poursuites de ses infatigables adversaires. Il ne fut servi ni par le vent ni par la nuit.

Le 17 au matin, il se trouve dans les eaux de la *Mermaïd*, frégate de quarante canons. Ne pouvant éviter un nouveau combat, il fait carguer sa grande voile, clouer son pavillon, il harangue brièvement son équipage et attend. Quand la frégate anglaise, à portée de pistolet, lui eut présenté son travers, il l'écrase sous une décharge d'artillerie et de mousqueterie. La lutte dure plusieurs heures, acharnée et sans merci, couvrant de cadavres et de débris le pont des deux frégates. Elle se termine enfin par une habile manœuvre qui permet à Segond de prendre la *Mermaïd* en poupe et de balayer son pont par une dernière bordée en enfilade. S'il n'eût perdu dans l'action ses trois mâts de hune et la plus grande partie de ses manœuvres, hachées par la mitraille, il eût enlevé la frégate ennemie, trop heureuse de trouver son salut dans la fuite.

Chaque journée pour Segond devait être marquée par un combat. Il en avait déjà soutenu quatre, le 18 octobre lui ménagea le cin-

# TROIS HÉROS DE LA MARINE FRANÇAISE

## RICHER (JEAN-BAPTISTE-EDMOND)

### COMMANDANT DE LA BAYONNAISE

Né à Saint-Pierre (Martinique) le 28 mars 1762
Mort à Toulon le 6 février 1820.

## SEGOND (ADRIEN-JOSEPH)

### COMMANDANT DE LA LOIRE

Né à Montluçon (Allier) le 10 mai 1769
Mort à Quimper le 15 janvier 1813.

## FREYCINET (LOUIS-HENRI-DESAULCES DE)

Né à Montélimart le 3 décembre 1777
Mort à Rochefort en 1840.

quième. Ce jour-là il se retrouva en présence de l'*Anson* et du *Kanguroo*, qu'il avait battus séparément, et que le désir d'une revanche
avait réunis. Dans l'état où se trouvait la *Loire*, gouvernant à peine,
épuisée d'hommes et de munitions, Segond ne se faisait pas d'illu-
sion ; il ne comptait pas sur la victoire, mais il avait résolu de faire
payer cher à l'ennemi sa défaite et de périr avec sa frégate.

L'action s'engage à portée de pistolet. La *Loire* a à répondre au
feu du vaisseau et de la corvette, qui l'attaquent, le premier en
travers, la seconde en poupe. Après une heure d'une héroïque résistance, la *Loire* avait vu tomber son grand mât et son mât d'artimon ; son mât de misaine avait été atteint de plusieurs boulets ;
plus de cent hommes de son équipage avaient succombé ; la plupart de ses pièces avaient été démontées, ses munitions étaient
presque épuisées et cependant elle se défendait toujours.

Admirant tant de courage, le capitaine anglais signala à Segond
qu'il avait assez fait pour l'honneur de son pavillon, et qu'il eût à
l'amener : celui-ci répondit à cette invitation par la décharge des
cinq ou six canons, les seuls qui lui restassent en batterie, et avec
ses dernières gargousses. En même temps, ne pouvant prolonger
davantage la lutte, et ne voulant pas que sa frégate tombât au pouvoir de l'Anglais, « il se fait donner par un artilleur un bout de
mèche allumée, et, la tenant cachée dans sa main, qu'elle brûle
profondément, sans que son visage trahisse sa souffrance, il descend à la sainte-barbe, résolu à mettre le feu aux poudres, quand
un des siens l'arrête, en lui disant que ce sacrifice est inutile, que
la *Loire* a plus de six pieds d'eau dans la cale, et qu'avant peu elle
va couler [1] ». Et, en effet, une heure ne s'était pas écoulée qu'elle
avait sombré...

Ce fut pendant ce dernier combat qu'un officier des troupes d'em-
barquement, qui s'était d'ailleurs bien battu, voyant l'inutilité de
la résistance et l'obstination de Segond, se jeta sur lui, le sabre à la
main, pour le forcer à se rendre. « Retourne à ton poste, lui dit
Segond sans s'émouvoir, et continue à te battre ou je te brûle la
cervelle, » et il appuyait sa menace du canon de son pistolet, dirigé

---

[1] Guérin. *Histoire de la Marine*, p. 538.

vers la poitrine de l'officier. Etonné du sang-froid et du ton d'autorité de son chef, celui-ci obéit.

Malgré tant de courage, il fallut céder.

A bord de l'*Anson*, Segond reçut du capitaine Durham l'accueil et
les égards que méritait sa noble conduite, et qui lui furent continués
partout en Angleterre.

Le commandant de la *Loire* reduit à amener son pavillon

Ce ne fut qu'après plus d'une année de captivité que, par échange,
il revint en France, où l'avait précédé le bruit de ses combats.

Il s'étonna à bon droit que le Gouvernement n'eût encore rien
fait pour lui, ni pour ses officiers. Il se plaignit du silence du *Moniteur*, qui n'avait point prêté sa voix officielle au récit « des immor-
tels combats de la *Loire*, admirés de toute l'Europe » ; de l'oubli
dans lequel on laissait les hommes de l'équipage de cette frégate
dans les promotions de l'époque ; de la lenteur à leur payer, à eux
qui n'avaient pas marchandé leur sang, les mois de solde arriérée ;

du refus, à lui, du commandement d'une simple frégate, avec laquelle il eût renouvelé les prodiges de la *Loire ;* de l'accusation détournée d'insubordination, même de lâcheté. Il eut le tort de se laisser aller à la colère. L'irritation lui mit la plume à la main ;

« ..... fecit indignatio verba. »

Et il écrivit une brochure dans laquelle il traita ses ennemis d'intrigants, de fourbes, de perfides, de méchants, qui avaient abusé de leur crédit et de leur autorité.

« Il m'eût été plus doux, disait-il, de ne répondre à mes détrac-
« teurs que par de nouveaux exploits ; mais condamné à une mort
« civile, on a brisé dans mes mains une épée qui, à peine sortie
« du fourreau, a su se rendre redoutable aux usurpateurs de l'empire
« des mers. Puisse la marine française, purgée de l'intrigue et de
« la corruption qui l'ont mise à deux doigts de sa perte, se venger
« un jour de leurs succès !...

« Il est douloureux pour moi sans doute d'être réduit à prouver
« qu'il a existé à la tête de la République des hommes assez vils
« pour poursuivre avec acharnement des guerriers envers lesquels
« les ennemis se sont montrés plus justes. »

Cette brochure, écrite *ab irato*, par un homme qu'avait ulcéré l'ingratitude, atteignait de puissants bureaucrates, de hauts fonctionnaires et même le ministre de la marine. Elle ameuta autour de Segond bien des vanités blessées, bien des haines qui ne lui pardonnèrent pas [1].

Il en adressa un exemplaire au Premier Consul, avec une lettre qui se terminait ainsi :

« Premier Consul, dans la marine on n'encourage que l'intrigue,

---

[1] Cette brochure, imprimée à Brest, en l'an VIII, est intitulée : *Réponse du capitaine de frégate Segond à la dénonciation insérée contre lui dans le Recueil des traits héroïques de l'an VII, suivie de quelques éclaircissements sur sa conduite à bord de la* Loire. Elle est presque introuvable, et ce n'est qu'aux archives du ministère de la marine qu'il m'a été donné de pouvoir en lire un exemplaire.

Je m'empresse de saisir l'occasion de remercier publiquement M. l'amiral Pothuau de sa bienveillance à m'ouvrir la bibliothèque et les archives de son ministère ; MM. le directeur des archives de Branges, et le bibliothécaire Renard, de leur empressement à mettre à ma disposition les documents, la plupart *inédits*, qui ont trouvé place dans mon travail.

« l'ignorance et la lâcheté. On vous cache soigneusement la vérité,
« mais si quelque jour elle vous est offerte, vous frémirez...

« Je vous demande justice pour l'équipage et les officiers de la
« *Loire*, et je me fais l'honneur de vous rappeler que depuis deux
« ans et demi je dépéris sous les coups du temps, ne me connais-
« sant d'autre tort que d'avoir survécu à mes combats. »

Cette lettre arriva-t-elle à son adresse? Nous ne savons, mais
Segond obtint du conseil de guerre devant lequel le renvoyait la
rigueur du Code pénal militaire [1], l'éclatante justice qu'il demandait
au Premier Consul. Sa comparution y fut un triomphe.

« Dans toutes les pièces qui vous ont été soumises, disait le
« chef de division Daugier, rapporteur de l'affaire, dans toutes les
« dépositions des témoins vous n'avez rencontré que *des motifs*
« *d'applaudissements et d'éloges.* »

Puis, il racontait, au milieu des sympathies de tous, les détails
des combats de l'accusé, « événement aussi extraordinaire, *et dont
on chercherait vainement un exemple dans l'histoire* ».

Et sur cet exposé, le conseil, à l'unanimité, acquittait honorablement le brave capitaine de la *Loire :*

« Attendu que...

« Que dans le cinquième et dernier combat le citoyen Segond a
« déployé le même courage et ne s'est rendu que lors de la chute

---

[1] Toute perte d'un bâtiment de l'État donne lieu à une enquête. En effet,
même dans le cas où la perte n'a pas été le fait volontaire du commandant,
où elle a été le résultat d'une force majeure, d'une fortune de mer, ou d'un
combat même glorieux, le commandant n'en doit pas moins passer en jugement. (Dalloz. *Répertoire de législation*. V. *Organisation maritime*.)

Tout commandant d'un bâtiment de guerre quelconque, coupable de l'avoir
perdu, si c'est par impéritie, sera cassé et déclaré incapable de servir; si c'est
volontairement, il sera condamné à mort. (*Loi du* 24 *août* 1790, art. 39.)

Les lois maritimes antérieures à l'Empire ont été refondues dans le Code
pénal maritime de juin 1858, dont l'article 267 porte : Tout officier général ou
chef de division, tout commandant coupable d'avoir perdu un bâtiment de
l'État placé sous ses ordres, ou d'avoir occasionné la perte ou la prise de ce
bâtiment, est puni :

« 1° De la peine de mort, avec dégradation militaire, s'il a agi volontairement ;

« 2° De la destitution, si le fait a été le résultat de sa négligence ,

« 3° De la privation de commandement, si le fait a été le résultat de son
impéritie. »

« de ses mâts, l'épuisement de ses minutions, le désemparement
« presque total de sa batterie, — il ne restait que cinq pièces en
« état de servir ; — la destruction de cent dix-sept hommes de son
« équipage et l'introduction de six pieds d'eau dans sa cale ne lui
« ont pas laissé de moyens de prolonger davantage une résistance.
« que son ardeur énergique pour l'honneur du pavillon pouvait
« seule lui permettre de pousser avec tant d'opiniâtreté dans une
« pareille extrémité. »

A la lecture de ce jugement, les applaudissements d'éclater dans
l'auditoire, et les assistants de faire une ovation au héros de la
*Loire*, et le récit de ses beaux faits d'armes de redevenir l'événement du jour.

En présence de tant de titres d'honneur, de témoignages favorables, de manifestations de l'opinion publique, qui croira que le
Gouvernement ne donna à Segond ni éloge, ni récompense, et qu'il
le laissa, durant plusieurs années, sans avancement et même sans
emploi ? Et cependant, il ne se lassait pas de frapper à la porte du
ministère de la marine ; il sollicitait par lui-même, par les siens,
par ses amis.

Au commencement de 1801, sa femme venait du fond de la Bretagne à Paris, et écrivait au Premier Consul, le 25 ventôse an IX [1] :

« Premier Consul,

« J'ai abandonné trois enfants en bas âge, fait 200 lieues pour
« vous soumettre le détail des cinq combats soutenus en six jours
« par mon mari sur la frégate *la Loire*, qu'il commandait en vendémiaire an VII.

« Vous honorez le courage et le récompensez; pourquoi les belles
« actions vous seraient-elles cachées ?

« Premier Consul, mon mari ne saurait trouver une plus belle
« récompense que celle d'entendre dire par vous qu'il a bien fait
« son devoir, et qu'il *égalat* sur mer les braves qui, sous vos yeux,
« entèrent l'olivier de la paix sur le laurier de la victoire.

« Daignez m'accorder l'honneur d'un entretien, pour que je puisse

[1] Archives de la marine, *Dossier Segond.*

« présenter et vous remettre moi-même les papiers qui témoignent
« en faveur de mon mari, et qui ne sauraient manquer de lui méri-
« ter votre bienveillance.

« Premier Consul, songez qu'une mère et une épouse ne s'est
« livrée aux fatigues et aux dangers d'une longue route, que sûre
« de trouver auprès de vous justice et protection.

« Salut et respect.

« GROTERS, femme SEGOND. »

M<sup>me</sup> Segond n'obtint point du Premier Consul l'audience qu'elle
lui demandait, et ce ne fut que deux ans plus tard que son mari
fut enfin nommé capitaine de vaisseau

Le grade ne suffisait pas à l'activité de Segond ; il lui fallait un
commandement qui lui rendît la mer, ses périls et ses rencontres
avec l'Anglais. Aussi le 15 février 1806 s'adressait-il en ces termes
au ministre de la marine [1] :

« Monseigneur,

« La lettre que vous *m'avès* fait l'honneur de m'écrire en date
« du 6 janvier, m'annonçant l'intention de me donner un comman-
« dement aussitôt que l'occasion s'en présentera, je demande à
« Votre Excellence le vaisseau *le Courageux*, lancé dernièrement
« au port de Lorient.

« Les circonstances n'étant pas favorables à la composition de
« l'équipage, vu la pénurie de matelots, je lève cet obstacle, en
« proposant à Votre Excellence d'embarquer quatre cent cinquante
« militaires au moins sur le dit vaisseau, avec lequel je me pré-
« senterai à l'ennemi, sans aucune inquiétude sur le sort d'un com
« bat, étant persuadé que la force d'un bâtiment et celle des
« escadres consiste dans les talents des chefs.

« L'expérience m'a d'ailleurs convaincu des succès que je pouvais,

[1] De ces deux lettres, publiées pour la première fois, l'une appartient aux
*Archives*, l'autre fait partie d'une collection particulière d'autographes, et elle
porte de la main d'un secrétaire du ministre, ou d'un autre employé : « *Lui faire
une réponse agréable !...*»

« sans présomption, me promettre avec un équipage composé de
« cette manière.

« Salut et respect.

« SEGOND. »

Et un mois après, le 16 mars :

« J'ai l'honneur de vous rappeler aujourd'hui, Monseigneur, que
« vous me traitâtes toujours à Paris comme un homme qui a mérité
« par ses actions la dignité à laquelle il a été élevé, et dont on ne
« peut dire qu'elle est descendue jusqu'à lui. Cependant je languis
« dans l'incertitude.

« Veuillez la faire cesser, Monseigneur, en me nommant à un
« commandement, qui me mette à même d'être utile dans ces
« temps de gloire, mais de péril.

« Salut et respect.

« SEGOND, ancien capitaine de la *Loire.* »

Après avoir longtemps sollicité, longtemps attendu, Segond obtint
le commandement de l'*Alexandre*, faisant partie de l'armée navale
de Brest.

Segond avait beaucoup d'ennemis et de jaloux dont sa fierté, la
conscience de sa valeur, sa correspondance et son écrit de l'an VII
avaient encore grossi le nombre. Mais il faut reconnaître aussi qu'il
était d'un caractère difficile, indiscipliné, vaniteux, quelquefois même
grossier, ne tenant pas assez compte des lois de la hiérarchie.

Ainsi, d'abord sous les ordres de l'amiral Willaumez, il ne put
rester avec lui et il lui écrivait : « Mon âme fière n'aime pas les
humiliations et saura toujours lutter avec succès contre l'injustice
et les délations[1]. »

Plus tard, il en fut de même avec l'amiral Truguet et avec l'amiral Ganteaume. Inspiré par son humeur irritable, Segond se plaignait
constamment « d'injustices, de vexations et d'humiliations ». Poussé
à bout, l'amiral Ganteaume adressa au ministre de la marine un

---

[1] Lettre du 4 thermidor an XIII. (*Archives.*)

rapport dans lequel il signalait « la mauvaise tenue, l'insubordination, l'insolence et l'insouciance de Segond pour ses devoirs du bord ».

Quelle fut l'influence de ce rapport, mis sous les yeux de l'Empereur, sur la carrière de Segond[1] ? Il donna presque immédiatement sa démission, que depuis il regretta souvent, quitta Brest et se retira à Quimper, où il mourut le 15 janvier 1813. Le ministre de la marine n'eût-il pas dû la refuser et défendre l'état de Segond contre l'irritation et la mauvaise humeur ?

Sans doute la discipline militaire a ses exigences, mais le commandant de la *Loire* avait droit à bien des immunités, et les exploits du marin devaient peut-être faire passer sur les torts de l'homme.

Segond vivait oublié dans la retraite, quand un jour l'Empereur, en traversant une galerie, s'arrêta devant les gravures qui représentaient les combats de la *Loire*, et se retournant vers le ministre de la marine qui l'accompagnait : « — Decrès, lui dit-il, quel est le commandant qui a soutenu ces combats, et qu'est-il devenu ? — Sire, lui répondit le ministre, un peu embarrassé, c'est un pauvre fou du nom de Segond, qui déclame contre tout le monde, même contre Votre Majesté. Ce qu'il lui faut, si vous voulez bien le permettre, c'est une place à Charenton. — Non, Decrès, reprit vivement l'Empereur ; laissez-le mourir honorablement, et après une pause : Ceci est magnifique. Plût à Dieu que j'eusse dans ma marine beaucoup de fous comme celui-là[2] !... »

Le bruit des combats de la *Loire* se répandit en l'an VI dans tous les ports de France ; ils furent pour notre marine une consola-

---

[1] Ce rapport est daté du 21 vendémiaire an XIV, à bord du vaisseau *le Républicain*, en rade de Brest.

[2] A. Jal. *Scènes de la vie maritime.*
A. Jal, né à Lyon, en 1795, mort à Paris, en 1875, historiographe-archiviste de la marine, a beaucoup écrit dans sa vie. On lui doit un grand nombre d'articles de journaux et de revues, des romans, des livres d'art et même d'érudition. Les titres qui recommanderont son nom au souvenir des lettres sont : l'*Archéologie navale*, 1839, 2 v. in-8; le *Glossaire nautique*, 1850, in-4; le *Virgilius nauticus*, 1849, in-8; le *Dictionnaire critique d'histoire et de biographie*, 1867, in-4. Ce dernier ouvrage est devenu d'autant plus précieux que les sources auxquelles l'auteur avait puisé sont aujourd'hui taries, et que les documents originaux par lui reproduits ont péri au milieu des incendies de la Commune.

tion et une espérance ; le burin les reproduisit sur le cuivre ; l'histoire les recueillit et les enregistra dans ses annales, et aujourd'hui,
après quatre-vingts ans, leur souvenir, transmis de père en fils, est
devenu pour nos populations maritimes une sorte de légende.

# CHAPITRE VI



COMBAT DE LA *BAYONNAISE* ET DE L'*EMBUSCADE*

L'année 1798, qui avait vu les mémorables combats de la *Loire*, se termina par un fait d'armes non moins glorieux pour nos marins ; ce fut la prise à l'abordage de la frégate anglaise *l'Embuscade* par la corvette française *la Bayonnaise*.

L'*Embuscade* était à l'origine une frégate française. Elle faisait partie de la division Bompard et avait été capturée, il y avait à peine trois mois, dans le combat de la baie de Long-Swilly. Elle avait été réparée et mise en état, et portait trente-deux canons de 24 et de 18.

La *Bayonnaise* était une petite corvette de vingt canons de 8 en batterie, et de huit pièces sur les gaillards. Elle revenait de Cayenne, où elle avait laissé cent vingt déportés et pris cent quarante soldats du 53ᵉ régiment avec leur capitaine Aimé. Le lieutenant de vaisseau Edmond Richer la commandait.

C'était un brave officier, né à Saint-Pierre (Martinique), en 1762, fils d'un capitaine de frégate, avec lequel il avait fait son apprentissage.

A onze ans, il était embarqué sur le cutter *le Surveillant*, commandé par son père.

Il avait fait la guerre de l'Indépendance, sous le comte de Grasse, assisté à la prise de la Dominique, de Sainte-Lucie et de la Grenade, payé bravement de sa personne sur le vaisseau *le Citoyen* dans sept combats, dans chacun desquels il avait été blessé.

Depuis son départ de Cayenne, la *Bayonnaise* avait été favorisée par le temps et par la fortune, Elle n'avait point eu de mauvaise mer, ni trouvé d'ennemis sur sa route, bien que l'Angleterre entretînt dans les mers qu'elle venait de parcourir de nombreuses croisières. Mais, arrivée non loin des côtes de Bretagne, à trente lieues environ de l'île de Ré, elle fut rencontrée par l'*Embuscade*, qui lui donna la chasse, espérant qu'elle en aurait bon marché.

Le combat commença par un échange de bordées, qui maltraita les deux combattants, tua bon nombre d'hommes des deux équipages et blessa les deux commandants. Il dura trois heures sans avantage marqué de part ni d'autre ; mais Richer avait compris cependant qu'il ne pouvait guère se prolonger plus longtemps sans que la supériorité de l'artillerie de l'*Embuscade*, servie par des pièces de 18 et de 24, auxquelles la *Bayonnaise* n'en pouvait opposer que de 8, lui assurât l'avantage de la lutte; et il résolut de tenter l'abordage.

Au moment où il l'ordonne, la frégate anglaise, manœuvrant pour dépasser la corvette française et la prendre en enfilade, est accostée tout à coup de bout au corps. Le choc est si violent que le mât de misaine de la *Bayonnaise*, atteint probablement dans l'action par plus d'un boulet, tombe sur le gaillard d'arrière de l'*Embuscade*. C'est un pont tout trouvé, que la fortune offre à l'ardeur de l'équipage français. L'enseigne Ledanseur s'y précipite, suivi de ses marins ; le capitaine Aimé y conduit ses soldats. Les voilà maîtres du gaillard d'arrière, mais l'équipage anglais, qui en avait été chassé par la chute du mât, s'était retranché sur le gaillard d'avant et ils rencontrent là un rempart de fer et de feu.

La lutte devient des plus acharnées, le sang coule en abondance; bon nombre d'hommes tombent des deux côtés, tués ou blessés. Les assaillants trouvent par hasard sur le cabestan une espingole chargée à mitraille ; ils la font tourner sur son pivot, la dirigent sur la masse des Anglais pressés dans un étroit espace et y mettent le feu. Cette suprême décharge, en couvrant le pont de morts, met fin à l'engagement. Les Anglais demandent merci, et le pavillon français remplace sur la prise le pavillon britannique.

Le combat avait duré quatre heures et quarante minutes; la

*Bayonnaise* victorieuse avait été si maltraitée qu'elle fut obligée, pour gagner le port, chose qui ne s'était jamais vue jusque-là, de se faire remorquer par la frégate dont elle s'était emparée.

Certains historiens racontent néanmoins autrement l'arrivée à

Combat de la *Bayonnaise* et de l'*Embuscade*, — l'abordage.

Rochefort des deux bâtiments [1]. Ils y seraient, suivant eux, rentrés séparément, et à plusieurs jours de distance. L'*Embuscade* y serait arrivée la première, suivie à quatre jours d'intervalle par la *Bayonnaise*.

[1] Voir le récit de MM. Viaud et Fleury dans leur *Histoire de la ville et du port de Rochefort*, et Van Tenac, *Histoire générale de la marine*. Ces écrivains prétendent que ce ne serait pas Richer, déjà blessé et remplacé dans le commandement par l'enseigne Frouin, qui aurait ordonné l'abordage, mais le capitaine Aimé, qui aurait dit à ce dernier : « Accostez la frégate et nous l'enlèverons.» L'autorité de MM. Viaud et Fleury, trop facilement acceptée par Van Tenac, ne nous parait pas suffisante pour contester à Richer l'initiative d'un ordre, dont tous les historiens qui ont raconté son combat lui ont fait honneur. Les cinq enseignes qui le secondèrent vaillamment étaient MM. Frouin, Ledanseur, Guigner, Corbie et Potier de la Houssaye.

Aucune nouvelle du combat n'était parvenue à Rochefort. Ce ne fut donc pas sans étonnement qu'on vit un matin une frégate inconnue remonter péniblement la rivière ; elle était dans un piteux état, avec sa coque percée de trous de boulets et son mât d'artimon rasé ; au-dessus du pavillon anglais renversé flottait le pavillon français. C'était l'*Embuscade*, dont l'enseigne Potier de la Houssaye avait pris le commandement, et qui s'était trouvée, on ne sait comment, au moment de l'amarinage, séparée de la *Bayonnaise*. Celle-ci arriva à son tour, à peu près dans le même état que l'*Embuscade*, avec des mâts de fortune, remplaçant ceux que le combat et un violent coup de vent lui avaient enlevés.

Le brave Richer, grièvement blessé de trois coups de feu, l'un à la jambe, l'autre au bras et le troisième à la tête, fut immédiatement élevé au grade de capitaine du vaisseau ; quatre enseignes furent nommés lieutenants, et un mousse aspirant. Cent quarante-sept mille francs furent distribués, comme parts de prise, à l'équipage, et trois cents francs de gratification alloués aux familles du capitaine Touvenin et du mousse Guichen, morts en criant : « Vive la République ! »

Une mention honorable doit être faite du chef de bataillon du 53e de ligne, Lerch, qui combattit au premier rang et tua cinq Anglais de sa main, et du jeune mousse Richard qui, voyant tomber son enseigne, Ledanseur, ajusta le matelot ennemi qui avait tiré, et le tua raide, vengeant ainsi sur l'heure la mort de son chef.

Richer appartenait encore à la marine en 1816, mais à cette époque le vicomte Dubouchage, ministre réactionnaire, le mit à la retraite, en même temps que Cosmao-Kerjulien, Lucas et Infernet, les héros de Trafalgar [1] Tandis que la Restauration congédiait ces

---

[1] A Trafalgar, Cosmao-Kerjulien commandait le *Pluton*, Lucas le *Redoutable*, et Infernet l'*Intrépide*. Ils furent présentés à l'Empereur, qui les félicita. Cosmao devint contre-amiral, Lucas et Infernet furent nommés commandeurs de la Légion d'honneur. Lucas n'avait que cinquante-cinq ans et les plus beaux états de service quand il fut mis à la retraite. « Le juste regret d'avoir été éloigné du service, quand il y voyait rentrer des hommes tout à fait incapables, et dont bien peu avaient quelques titres à cette faveur, hâta sa mort. Il avait pris part à neuf combats, d'où il était revenu avec une seule blessure. Une injustice le tua. » (Jal. *Souv. d'un homme de lettres*.)

braves officiers, qui avaient bien servi la République et l'Empire, elle appelait à leur succession des officiers de l'ancienne marine, qui avaient langui dans les grades subalternes, vécu à l'étranger, et n'avaient pas vu la mer depuis vingt-cinq ans. C'est ainsi qu'elle donnait le commandement de l'une de ses frégates à un ancien émigré, lieutenant de vaisseau en 1791, receveur des contributions indirectes sous le Consulat et sous l'Empire, et que l'ignorance de M. Durey de Chaumareys perdait sur le banc d'Arguin la *Méduse*, qui lui avait été confiée, et amenait l'affreuse catastrophe qui a valu à son nom sa triste célébrité.

# CHAPITRE VII

LES TROIS HÉROS D'ABOUKIR :

DU CHAYLA — DU PETIT-THOUARS — ÉMERIAU

Je ne veux pas refaire le récit de la bataille d'Aboukir, que tant
d'historiens ont racontée avant moi ; je ne veux que montrer la part
qu'y ont prise les trois héros de la journée, Blanquet du Chayla,
du Petit-Thouars et Emériau, part glorieuse qui a suffi à leur illus-
tration. De l'histoire du combat je ne veux détacher qu'une page,
celle, teinte de leur sang, qui a conservé et nous a transmis leurs
noms [1].

I

Tous les trois, de familles nobles, nés dans la seconde moitié du
XVIIIe siècle, à peu près du même âge, entrés jeunes dans la marine
par la porte du volontariat, avaient été nommés presque en même
temps capitaines de vaisseau. Tous les trois, au choix de l'amiral
Brueys, peut-être à la demande du général Bonaparte, furent dési-

---

[1] On peut lire le récit de la bataille d'Aboukir dans L. Guérin, *Histoire de la
marine;* F. Chassériau, *Précis historique de la marine française;* Troude,
*Batailles navales;* Un capitaine de vaisseau, *Histoire des combats d'Aboukir et
de Trafalgar;* Thiers, *Histoire de la Révolution ;* Van Ténac, *Histoire générale de
la marine ;* Jurien de la Gravière, *Guerres maritimes sous la République et sous
l'Empire;* Bouët-Wuillaumez, *Batailles de terre et de mer ; Victoires et conquêtes,*
t. IX, etc., etc.

12

gnés pour faire partie de l'expédition d'Égypte. Si c'était une faveur, tous les trois la méritaient par leurs services.

Blanquet du Chayla, aspirant-garde de marine à seize ans, avait fait la guerre de l'Indépendance. Il s'était trouvé avec d'Estaing à

Blanquet du Chayla.

la bataille de Newport; avec le comte de Grasse, aux combats de la Martinique, de la Chesapeake, de Saint-Christophe et des Saintes. Dans cette dernière affaire, il avait reçu le baptême du sang.

Il payait en 1783 le grade de lieutenant par ses blessures et deux ans de captivité en Angleterre. Sorti de prison, il était nommé capitaine de vaisseau et de pavillon du vice-amiral Truguet, dans l'escadre de la Méditerranée, et prenait le commandement du *Tonnant* pour l'expédition de Sardaigne.

Il était noble d'origine. Dix-sept cent quatre-vingt-treize, trop

soupçonneux, trop accessible aux dénonciations, l'inscrivit sur la liste
des émigrés, et le destitua par mesure de sûreté générale. Ce ne
fut qu'à la mort de Robespierre, « sur les témoignages rendus de
son expérience [1] », qu'il recouvra son grade, et bientôt après, en réparation d'une injuste mesure, il devint contre-amiral.

Du Petit-Thouars.

Quelques mois avant son départ, le général Bonaparte avait songé
à lui pour le commandement de la flotte qui devait le porter en
Egypte. Il le lui avait même offert éventuellement pour le cas où
l'amiral Brueys, avec lequel il avait des engagements, n'arriverait
pas à temps de Corfou [2]. Combien ne faut-il pas regretter que l'ami-

[1] Termes de l'arrêté du 5 prairial an III.

[2] *Notice sur le vice-amiral Blanquet du Chayla*, in-8°, 1874. Cette notice,
qui rectifie beaucoup de faits et de dates dans la vie de l'amiral, a été, croyons-
nous, écrite par son fils, ancien sous-directeur au ministère de la marine.

ral Brueys soit arrivé à temps ! son séjour prolongé à Corfou eût probablement évité à notre marine le désastre d'Aboukir.

Si du Chayla ne commanda pas en chef l'escadre destinée à l'armée d'Égypte, il ne pouvait guère rester étranger à l'expédition ; il commanda donc, comme contre-amiral, la seconde division de la flotte, et mit son pavillon sur le *Franklin*.

Du Petit-Thouars, dont le nom est si connu et restera légendaire,

Émeriau.

avait été destiné par sa famille au service militaire ; il préféra celui de la marine. Serait-il vrai que la lecture de *Robinson* eût éveillé en lui le goût des courses maritimes ?

Toujours est-il que ce ne fut pas de sa faute si, à seize ans, il ne s'embarqua pas comme mousse avec Cook, partant pour ses expéditions de découvertes.

Il sortit de l'École militaire de la Flèche et de Paris pour devenir en 1778 garde de la marine.

« Ce jour-là, dit-il dans ses *Mémoires*, je me crus maréchal de France. »

Embarqué aussitôt sur le *Fendant*, puis sur la *Couronne*, il assista pour ses débuts à la bataille d'Ouessant, à la prise du fort Saint-Louis, au Sénégal, au siège de la Grenade, aux trois combats soutenus par le comte de Guichen contre sir Rodney, et à celui de la Dominique. N'était-ce pas pour le jeune néophyte un brillant baptême de feu ?

Il était lieutenant, lorsqu'en 1788 il rompit momentanément avec le corps royal.

# LES HÉROS D'ABOUKIR

## BRUEYS D'A GALLIERS

Né à Uzès en 1753.
Mort à Aboukir en 1798.

## LA JOILLE (LOUIS-JEAN-NICOLAS)

Né à Saint-Valéry-sur-Somme en 1759
Tué devant Brindisi le 9 août 1799.

## BLANQUET DU CHAYLA (ARMAND-SIMON-MARIE)

Né à Marvejols (Lozère) en 1759
Mort à Versailles en 1826

Le sort ignoré de Lapeyrouse préoccupait alors en France l'opinion publique. Accessible à toutes les idées généreuses, du Petit-Thouars résolut d'aller à sa recherche. Il équipa, à ses frais et à l'aide de souscriptions, un navire, *le Diligent*, sur lequel il partit comme volontaire. Le Roi avait encouragé l'expédition par une souscription sur sa cassette, et l'Assemblée nationale par le vote d'un subside de dix mille livres. Ces encouragements furent inutiles ; du Petit-Thouars rentra en France sans avoir rien appris sur Lapeyrouse ; c'était au siècle suivant qu'il était réservé de retrouver les traces de ce hardi navigateur, et de les suivre jusqu'aux îles où il avait péri.

Comme Blanquet du Chayla, Aubert du Petit-Thouars appartenait à une famille noble, et comme du Chayla il fut, malgré ses services, victime des défiances de quatre-vingt-treize. Mais pour lui comme pour du Chayla l'erreur fut bientôt reconnue, et il rentra dans la marine avec le grade de capitaine de vaisseau.

Ce fut comme chef de division qu'appelé à prendre part à l'expédition d'Égypte, il eut le commandement du *Tonnant*.

Maurice-Julien Emériau n'avait ni moins de services ni moins de titres à faire valoir que ses deux collègues.

D'une ancienne famille d'origine écossaise, Breton de naissance, il était marin à quinze ans.

Il avait fait la guerre d'Amérique, et s'y était assez distingué pour mériter, à dix-huit ans, l'ordre de Cincinnatus. Il s'était fait remarquer à la prise de la Grenade ; à Savannah, il s'était le premier jeté dans la tranchée ; à Malte, le premier encore il était entré dans le port sous le feu de l'ennemi.

Chef de division depuis 1797, ce fut en cette qualité qu'il accompagna l'amiral Brueys, et monta le *Spartiate* [1].

---

[1] Blanquet du Chayla (Armand-Simon-Marie), né à Marvejols (Lozère), en 1759, est mort à Versailles, en 1826, avec le grade de vice-amiral.

Du Petit-Thouars (Aristide-Aubert), était né au château de Boumois, près de Saumur, en 1760.

Emériau (Maurice-Julien), né à Carhaix (Finistère), en 1762, est mort à Toulon, en 1845.

L'Empire l'avait nommé contre-amiral en 1802 et vice-amiral en 1811. Il avait été mis à la retraite en 1816.

## II

La flotte qui portait en Egypte le général Bonaparte mit à la voile de la rade de Toulon le 29 mai 1798, et après six semaines d'une heureuse navigation et la prise de Malte en passant, elle arriva le 1er juillet en face d'Alexandrie. Le 2, presque toute l'armée était

La flotte française arrivant en vue d'Alexandrie le 1er juillet 1798.

à terre, et dans la soirée le drapeau français flottait sur les murs d'Alexandrie.

Par un hasard providentiel, l'escadre, pendant une assez longue traversée, n'avait pas rencontré de voiles ennemies ; mais on savait que Nelson était à sa recherche ; que battu, repoussé et blessé devant Santa-Cruz de Ténériffe, que défendaient cent vingt marins français, cet infatigable adversaire, à peine remis des suites de l'amputation de son bras droit, parcourait les mers, cherchant une occasion de revanche, et qu'un jour ou l'autre on le verrait paraître. Il fallait donc songer au salut de la flotte.

« Bonaparte, en quittant Alexandrie, avait fortement recommandé
à Brueys de la mettre à l'abri des Anglais, soit en la faisant entrer dans
le port d'Alexandrie, soit en la dirigeant sur Corfou, mais surtout
de ne pas rester dans la rade d'Aboukir: car il valait mieux rencontrer l'ennemi à la voile que de le recevoir à l'ancre[1]. »

Il paraît même que la sollicitude du général avait envoyé une
seconde fois cette recommandation à l'amiral, mais que le messager
qui en était chargé fut arrêté par les Arabes et assassiné.

Brueys était brave de sa personne, mais trop confiant en lui-même
et ne prenant pas assez conseil des autres. Créé vice-amiral pour
l'expédition d'Egypte, c'était la première fois qu'il exerçait un commandement en chef, et il manquait d'autorité et d'expérience.

Il conduisit sa flotte dans la baie d'Aboukir. Le choix de ce mouillage fut une première faute, que beaucoup d'autres suivirent, qu'il
paya de sa vie, et qu'on voudrait pouvoir ne pas relever en présence de sa mort héroïque. Mais l'histoire ne saurait admettre ces
ménagements et ces compensations; sa tâche est de montrer les fautes et les erreurs partout où elle les rencontre, pour l'enseignement
et l'amélioration de l'avenir. C'est ainsi que la science signale l'écueil
sur lequel un vaisseau s'est brisé pour éviter de nouveaux nau-
frages.

Une fois dans la baie d'Aboukir, Brueys se demanda ce qu'il ferait
si l'amiral anglais venait l'y chercher  L'attendrait-il au mouillage,
où irait-il à sa rencontre, et lui épargnerait-il la moitié du chemin ?
Il voulut sur ce point avoir l'avis de son état-major, et il le convo-
qua dans sa chambre du conseil de l'*Orient*.

Interrogé le premier : « Le combat sous voiles, répondit Chayla,
nous offre la seule chance de salut, » et il motiva fortement son
opinion.

Appelé à opiner à son tour: « On est perdu, dit résolument du
Petit-Thouars, si l'on attend Nelson dans la fausse position où l'on
est; il faut appareiller sans délai. » Et à un assistant qui était d'un
sentiment contraire, et qui combattait celui qu'il venait d'émettre:
« Je ne sais ce qu'on fera, ajouta-t-il, mais on peut être sûr que dès

[1] Thiers. *Histoire de la Révolution.*

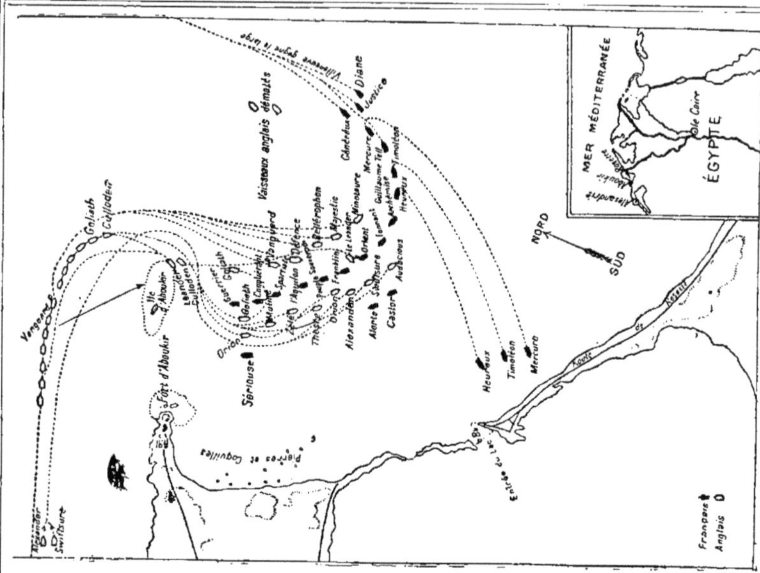


Plan de la bataille d'Aboukir.

1° La flotte française, forte de treize vaisseaux, de quatre
frégates et de quelques bâtiments légers, aux ordres de l'amiral
Brueys, à l'ancre dans la baie ouverte d'Aboukir, ayant sa
ligne partant de l'îlot du même nom, et s'étendant, suivant la
configuration de la côte, vers le sud-est ;

2° Le *Guerrier* et le *Conquérant*, vieux vaisseaux de 74,
formant la tête de la ligne française ; près d'eux, le *Spartiate*,
commandé par Émériau ; au corps de bataille, l'*Orient*, monté
par l'amiral Brueys ; en avant et en arrière, le *Francklin* et le
*Tonnant*, les deux matelots, commandés par du Chalya et du
Petit-Thouars ;

3° La flotte anglaise, aux ordres de Nelson, composée de
treize vaisseaux, d'une frégate et d'un brick, s'avançant à
pleines voiles sur la flotte française et se partageant en deux
divisions, dont l'une passe au large en dehors de notre ligne,
et l'autre en dedans, entre l'îlot d'Aboukir et la terre.

Cette manœuvre eut pour résultat de placer successivement
chaque vaisseau français entre deux feux et de le mettre aux
prises avec deux vaisseaux ennemis au moins. Il en est plusieurs, comme le *Spartiate*, le *Francklin* et le *Tonnant*, qui
se trouvèrent engagés en même temps avec trois et quatre
vaisseaux anglais.

EXPLICATION DU PLAN CI-DESSUS

que je serai à bord, mon pavillon sera cloué au mât. » Et il tint parole[1].

Brueys hésitant ne sut prendre un parti sur l'heure, et il ajourna sa décision. Dans sa conduite se succédèrent les fautes et les fausses mesures.

Au port d'Alexandrie, dont les passes sondées permettaient l'accès à ses vaisseaux, même à l'*Orient* allégé : à Malte et à Corfou, il préféra la rade ouverte d'Aboukir.

Contrairement à l'avis de ses capitaines les plus habiles et les plus expérimentés, malgré les ordres du général en chef, il se laissa attaquer à l'ancre, au lieu d'attaquer lui-même à la voile, oubliant « que le rôle défensif, surtout à forces égales, est le pire des rôles pour une flotte française, dont elle abat ainsi la confiance[2] ».

Il ne sut pas même former sa ligne d'embossage, « malheureusement déterminée dans un lieu ouvert et que la terre ne pouvait protéger[3] ». Ses vaisseaux étaient trop éloignés les uns des autres, et celui qui tenait la tête pas assez rapproché de l'îlot d'Aboukir, de sorte qu'entre ce vaisseau et l'îlot restait un espace dont l'amiral, anglais profita pour mettre l'escadre française entre deux feux.

Dans sa présomptueuse confiance que sa position était inexpugnable, et que Nelson n'oserait l'y attaquer, il avait négligé les précautions que commandait la prudence la plus ordinaire.

Ainsi, il n'avait point armé l'îlot d'Aboukir : car deux canons de 12 deux mortiers et quelques artilleurs n'étaient point un armement suffisant ;

Il n'avait point fait sonder la passe entre cet l'îlot et sa tête de ligne, pour s'assurer qu'un vaisseau ennemi ne pourrait s'y engager ;

Il n'avait point renforcé ses équipages incomplets de ceux des bâtiments entrés dans le port d'Alexandrie, ni augmenté son escadre de deux vaisseaux de 64 qui sortaient des chantiers de Venise,

---

[1] *Annales maritimes*, 1817.

[2] Bouët-Wuillaumez. *Batailles de terre et de mer.*

[3] Rapport du contre-amiral Ganteaume, du 5 fructidor an **VI**. (*Archives de la marine.*)

et de sept frégates qui auraient pu soutenir ses vaisseaux dans le combat, et qui en demeurèrent spectatrices inutiles;

Durant un mois, il ne songea pas à exercer ses marins, qui avaient grand besoin d'instruction.

En présence de tant de fautes et d'incurie, n'est-il pas vrai de répéter, avec l'un des historiens de la bataille, « que jamais amiral ne disposa mieux toutes choses pour être battu ».


## III


Le 1<sup>er</sup> août, les Français entraient au Caire. Le même jour, presque à la même heure, Nelson se montrait à l'horizon de la baie d'Aboukir, à la tête d'une flotte de treize vaisseaux, une frégate et un brick. Elle cinglait à toutes voiles vers la côte, où la flotte française, d'égale force, était à l'ancre.

Brueys ne croyait pas à une attaque. Voyant cependant l'amiral anglais s'avancer sur lui, sans diminuer de voiles, il rappela à la hâte ses matelots qui se trouvaient à terre, et ordonna le branle-bas.

Il fut mal exécuté. Sur plusieurs vaisseaux une seule batterie fut mise en état; l'autre, celle du côté de la terre dont on s'imaginait ne pas avoir à se servir, fut négligée et resta encombrée.

A cinq heures un quart les deux flottes étant assez rapprochées, l'action s'engagea.

La manœuvre des Anglais, toujours la même, était de se réunir plusieurs contre un, et d'écraser sous le nombre chaque vaisseau isolé ; ici, de le mettre entre deux feux, et de répéter cette manœu vre vis-à-vis de chaque adversaire, en prolongeant toute la ligne. Aussi, dès qu'ils furent arrivés à la tête, se divisèrent-ils, les uns passant entre les Français et la terre, les autres restant en dehors puis se rapprochant et serrant entre eux chaque vaisseau français, qui en avait ainsi au moins deux à combattre.

L'*Orient*, qui portait le pavillon de l'amiral Brueys, occupait le centre de la ligne, ayant pour matelots, en avant le *Franklin*, aux ordres de du Chayla, et en arrière le *Tonnant*, commandé par du Petit-Thouars.

Émériau, sur le *Spartiate*, plus rapproché de la tête de la ligne, fut le premier engagé. Il eut affaire au *Théseus* et au vaisseau-amiral *le Vanguard*, dont il soutint le feu sans fléchir. « Rien n'était beau de dextérité et d'effet comme les bordées que faisait servir l'habile et valeureux commandant Émériau. Le ravage qu'elles produisaient sur les ponts ennemis était épouvantable[1]. » Il désempara le *Théseus*, et balaya à trois reprises le pont du *Vanguard*. Un de ses boulets frappa Nelson au front et le renversa. Voyant le danger de leur amiral, deux autres vaisseaux, *le Minautaur* et *l'Audacious*, lui vinrent en aide, de telle sorte que le *Spartiate*, entouré de toutes parts, canonné des deux bords, en avant et en arrière, eut à soutenir la lutte contre quatre vaisseaux en même temps.

Dès le commencement de l'engagement, Émériau avait eu sa longue-vue brisée dans sa main, et avait été légèrement atteint. L'action devenant des plus chaudes, un boulet lui emporta le bras droit. Les deux lieutenants qui le remplacèrent furent également blessés.

Quand il fut impossible de continuer plus longtemps la défense, et qu'il fallut amener le pavillon, tous les canons étaient démontés, et les poudres noyées ; le *Spartiate*, avec neuf pieds d'eau dans la cale, était criblé de boulets ; il en avait quarante-neuf au-dessous de la flottaison, à tribord, vingt-sept à bâbord, dont une grande partie — on se battait à portée de pistolet — l'avait traversé d'outre en outre. De ses mâts il ne lui restait plus que celui de misaine, près de tomber. Plus de la moitié de son équipage était hors de combat ; il comptait soixante-quatre morts et cent cinquante blessés, parmi lesquels son commandant et presque tous ses offi-ciers[2].

Quand l'épée d'Émériau prisonnier fut présentée à Nelson, blessé

---

[1] Guérin. *Histoire de la marine.*

[2] Rapport d'Emériau au ministre, du 15 thermidor an VI. (*Archives de la marine.*)

lui-même et couché dans son entre-pont, il se redressa pour dire :
« Il s'en est trop bien servi ! Rendez-la à un officier si digne de la
« porter. »

Le lendemain, le général Bonaparte lui écrivait :

« J'ai appris avec beaucoup de regret, mon cher commandant,
que dans le funeste et terrible combat d'Aboukir, vous avez eu le
bras droit fracassé. Ce qui peut vous consoler, c'est que cet accident
vous est arrivé en remplissant glorieusement la tâche qui vous était
confiée. »

Devenu premier consul, le général Bonaparte nomma Emériau
contre-amiral.

Emériau était engagé depuis près d'une heure quand du Chayla
et du Petit-Thouars se trouvèrent aux prises à leur tour avec plusieurs vaisseaux anglais à la fois.

Le *Franklin* eut à se défendre en même temps contre le *Swiftsure*
et le *Léander ;* le *Tonnant* contre le *Majestic* et le *Bellérophon,*
auxquels d'autres vaisseaux, jusqu'à six, vinrent successivement
se joindre.

Si chacun de nos vaisseaux n'avait eu à combattre que deux
ennemis, le succès eût pu être longtemps disputé, car le *Franklin*
avait fort mal traité ses deux premiers adversaires, et le *Tonnant*
avait forcé le *Bellérophon* à amener et le *Majestic* à s'éloigner du
lieu du combat ; mais les vaisseaux ainsi maltraités étaient remplacés
ou renforcés par ceux que laissait libres la reddition des premiers
vaisseaux de notre ligne.

Le *Franklin* eut donc, pendant deux heures, à faire tête à trois
vaisseaux, à portée de pistolet, deux qui l'enserraient de tribord et
de bâbord, et le troisième, « entraversé sous son beaupré, qui l'en-
filait de l'avant à l'arrière. Pendant deux heures, il les combattit
avec vivacité ; son feu était rapide et bien nourri[1] ».

A huit heures, presque en même temps que Nelson, du Chayla
fut frappé à la tête, et renversé par un paquet de mitraille. Emporté

---

[1] Rapport de l'enseigne La Chadenède, de l'*Orient,* du 9 pluviôse an VII.
(*Archives.*)

sans connaissance, il fut remplacé par Gillet, son capitaine de pavillon, qui lui-même ne tarda pas à être mortellement atteint.

Le *Tonnant* n'avait pas fait moins bonne contenance que le *Franklin*, et avec plus d'avantage. Attaqué par le *Bellérophon* et le *Majestic*, et bientôt après par l'*Alexander* et le *Swiftsure*, il leur infligea à tous des pertes sensibles et leur fit éprouver de graves avaries.

Le *Majestic*, dont le beaupré s'était engagé dans le gréement de son grand mât, fut pris en enfilade ; il eut en peu de temps son capitaine tué, presque tous ses officiers blessés, 200 hommes hors de combat. Il fut heureux de pouvoir se dégager et s'éloigner, pour se réparer.

Le *Bellérophon*, encore plus désemparé, rasé comme un ponton, avec 200 hommes tués ou blessés, sans un seul mât debout pour se diriger, fut obligé d'amener et se laissa aller à la dérive.

Restaient le *Swiftsure* et l'*Alexander*, avec lesquels les bordées s'échangeaient sans interruption ; mais du Petit-Thouars, dans ce cratère de feu, avait perdu un bras, puis un second, sans quitter son poste, et en encourageant son équipage. Il avait voulu conserver son commandement ; un boulet vint lui enlever une jambe. Héroïque jusqu'au bout, il se fit mettre dans une barrique pleine de son [1], près de son banc de quart, d'où il pouvait encore suivre les péripéties de l'action.

Brueys, blessé à la tête et à la main, n'avait pas voulu être pansé ; puis, presque coupé par un boulet, il avait eu la force de dire : « Un amiral français doit mourir sur son banc de quart », et il y

---

[1] J'ai souvent entendu raconter ce fait, passé à l'état de légende, par des marins qui le tenaient de leurs pères. MM. Ch. Rouvier, *Histoire des marins français sous la République*; Guérin, *Histoire de la marine*, et plusieurs biographes l'ont rapporté comme vrai.

M<sup>lle</sup> du Petit-Thouars, dans la *Notice* qu'elle a consacrée à son frère (*Annales maritimes de 1817 et 1820*), ne l'a pas rappelé, et je dois dire que dans les archives du ministère de la marine, que j'ai consultées avec soin, je n'ai rien trouvé qui puisse soit le confirmer, soit le démentir. La Bibliothèque nationale conserve dans ses *cartons historiques* une estampe du temps représentant du Petit-Thouars dans son baril de son.

Que le fait soit vrai ou supposé, le nom de du Petit-Thouars n'en est pas moins glorieux, et sa mort héroïque.

était mort[1]. Son capitaine de pavillon, Casabianca, l'y avait remplacé, et avait été presque aussitôt gravement blessé.

L'*Orient*, qui se défendait toujours énergiquement, était dévoré par un incendie qui menaçait de s'étendre. Aussi tous les vaisseaux qui pouvaient être atteints, français et anglais, se hâtèrent-ils de s'éloigner.

Ils combattaient encore, éclairés par les lueurs sinistres de l'incendie, mais ils étaient dans l'attente de l'événement. A onze heures trois quarts, une formidable explosion, qui ébranla les navires environnants et les couvrit de débris enflammés, annonça aux deux armées que l'*Orient* venait de s'engloutir. Il disparut, entraînant avec lui dans le gouffre ses blessés, la plus grande partie de son équipage héroïque et la fortune de la journée.

« Le combat cessa partout, après cet affreux événement. Un silence profond succéda à la canonnade la plus vive. Le ciel, obscurci par un tourbillon de fumée épaisse, noire et enflammée, semblait annoncer l'anéantissement des deux armées. On ne revint de cette espèce de stupeur qu'au bout d'un quart d'heure[2]. »

Ce fut le *Franklin* qui rompit cette sorte de trêve. Du Chayla, revenu de son évanouissement, et n'entendant plus tirer, demanda la cause de cette inaction.

« Il n'y a plus, lui dit-on, que trois canons de 36 en état de servir. — *Eh bien !* reprit-il vivement, *servez-vous-en. Tirez, tirez*

---

[1] « A 7 heures, l'amiral fut blessé à la tête et à la main ; il ne voulut pas être pansé. Il se contentait d'essuyer avec son mouchoir le sang qui coulait de ses blessures.

« A 7 heures et demie, il eut la cuisse gauche emportée. Nous l'entourâmes; le chef de timonnerie le reçut dans ses bras. Quoiqu'il ne pût pas revenir de sa blessure, nous voulions le faire porter au poste des blessés; mais il nous dit de le laisser, qu'il voulait mourir sur le pont.

« Il mourut avec la même tranquillité d'âme qu'il avait conservé en combattant. »

(*Rapport de l'enseigne La Chadenède, cité suprà.*)

François-Paul Brueys d'Aigalliers était né à Uzès en 1753, et entré dans la marine à 13 ans comme volontaire.

Il avait été nommé contre-amiral en 1796, et vice-amiral seulement en 1798.

[2] Jurien de la Gravière, *Revue des Deux-Mondes*, de décembre 1846. *Guerres maritimes sous la République et sous l'Empire.*

(Rapport au ministre du lieutenant Charrier, du *Franklin*, à tort attribué à l'amiral du Chayla par M. J. de la Gravière.)

*toujours; c'est peut-être le dernier coup qui nous donnera la victoire !* » Et le feu recommença, et ces trois pièces furent servies par le capitaine Martinet lui-même. Mais le *Franklin* fut aussitôt entouré par cinq vaisseaux anglais, auxquels s'en joignit même un sixième. qui le couvrirent de boulets et de mitraille.

Brueys.

Cette lutte suprême en fit un débris informe. Il avait plus de mille boulets dans sa coque traversée de part en part; tous ses mâts, sauf un, le bas mât de misaine, étaient tombés; toutes ses batteries démontées; son pont, balayé pendant plusieurs heures par plus de cent pièces de canon, était jonché de débris et de cadavres; son capitaine et la plupart de ses officiers étaient blessés et les deux tiers de son équipage hors de combat. Le capitaine

Martinet amena son pavillon. N'avait-il pas assez fait pour l'honneur et pouvait-on lui demander davantage?...

## IV

Quels ne furent pas l'étonnement et l'indignation des officiers survivants de notre escadre, de lire dans un ordre du jour du 7 fructidor an VI, du général Bonaparte : « Le *Franklin* a amené son pavillon *sans être démâté et sans avoir reçu aucune avarie.* »

Quel audacieux démenti à la vérité des faits ! Pourquoi, juste envers Emériau, le général Bonaparte se montrait-il aussi injuste envers du Chayla ?

Des protestations s'élevèrent de toutes parts ; ce fut Kléber qui intervint auprès du général abusé ; ce fut le contre-amiral Ganteaume, témoin oculaire, qui dit : « Le *Franklin* a fait un feu superbe, et les dispositions de ce vaisseau faisaient plaisir à voir ; » ce fut le ministre de la marine, lui-même, qui, d'après tous les rapports, écrivit au Directoire : « Le vaisseau *le Franklin,* que montait le général Blanquet, non seulement a fait son devoir, mais même est un de ceux qui, de l'aveu de l'une et de l'autre armée, ont fait la plus belle résistance ; » et plus tard : « Le général Bonaparte a été trompé. »

Dès ce temps-là, le général Bonaparte n'aimait pas à reconnaître une erreur, ni à revenir sur ce qu'il avait dit ou écrit, et ce ne fut pas sans peine qu'on obtint de lui, le 13 fructidor, ce correctif à son ordre du jour du 7 : « L'armée est prévenue que l'amiral Blanquet du Chayla, montant le *Franklin,* a été blessé pendant le combat du 14 thermidor ; sa blessure ayant été à la tête, il a perdu connaissance et, dès lors, on a été obligé de le conduire au poste. »

Cette rectification exigée par la vérité, mais dictée par l'orgueil blessé, était insuffisante à l'honneur du brave commandant du *Franklin,* qui, dans le dernier combat comme dans treize autres avait montré sa valeur et versé son sang, « d'un homme, marin

consommé, dont les Anglais avaient admiré le courage inébran-
lable [1] ».

Vainement réclama-t-il un conseil de guerre ou une réparation.
De guerre lasse, il prit sa retraite en 1803, à quarante-trois ans ;
une injustice reconnue et non réparée priva la marine des services
d'un excellent officier.

Ce ne fut qu'à Sainte-Hélène que l'Empereur, revenu de bien des
préventions, et jugeant sans passion les hommes et les choses,
lui rendit justice ; réparation tardive pour une carrière d'honneur
prématurément brisée. La Restauration la lui rendit plus complète,
en le nommant vice-amiral et donnant son nom à l'un des bâtiments
de la flotte.

Le *Tonnant* fut le dernier de nos vaisseaux à conserver le pavillon
national. Cloué au tronçon de son dernier mât, il y flottait encore
deux jours après la bataille, et ne fut abattu que le troisième,
après une double sommation de l'ennemi et sur une menace d'abordage qu'il était impossible de repousser.

L'incendie de l'*Orient* força du Petit-Thouars à couper son câble ;
il n'en était pas encore assez éloigné, au moment de l'explosion,
pour ne pas recevoir à son bord des débris enflammés qui mirent
le feu à son vaisseau.

Ce feu était à peine éteint que le *Tonnant* fut entouré par tous
les vaisseaux anglais qui n'avaient plus d'adversaire ; c'était presque toute l'escadre.

L'équipage, réduit de moitié, et ne pouvant se servir que d'une
batterie, les autres ayant été abandonnées faute d'hommes, « se
battit avec une opiniâtreté sans exemple [2] ; » ce fut la lutte du
désespoir, la résistance d'hommes décidés à ne pas survivre à leur
capitaine.

Du Petit-Thouars, mourant, avait fait promettre à ses officiers de ne
pas se rendre. « *Si le vaisseau est enlevé à l'abordage, faute de bras
pour le défendre*, avait-il ajouté, *jurez-moi de jeter à la mer notre*

---

[1] J. de la Gravière. *Guerres maritimes.*
« Le contre-amiral du Chayla se distingua constamment dans son corps par sa
loyauté, sa bravoure et son dévouement. » (A. de Bellecombe. *Biographie Didot.*)

[2] Rapport au ministre du lieutenant Marette, du 11 nivôse an VII. (*Archives.*)

*pavillon et mon cadavre, afin que ni l'un ni l'autre ne soient souillés
par la main des Anglais.* » Tous avaient juré, tous avaient crié : *Vive
la République !* et du Petit-Thouars était mort, rassuré par ces pro
messes et par cet enthousiasme.

Plus d'une fois pendant le combat, qui se prolongea presque

Conséquences de la défaite d'Aboukir. Perte de Malte.

jusqu'au jour, les capitaines anglais avaient crié au porte-voix :
« *Rends-toi, brave du Petit-Thouars !* [1] »

Du Petit-Thouars ne pouvait plus les entendre ; mais le lieute
nant Bréard et son équipage, qui avaient hérité du courage et de
la résolution de leur commandant, répondaient avec les canons qui
n'étaient pas encore démontés.

Une première fois le *Tonnant* avait coupé son câble pour échapper
à l'incendie ; il le coupa une seconde pour échapper à la destruction, et alla s'échouer au fond de la baie.

[1] Mlle F. du Petit-Thouars. *Notice* sur son frère.

| LES COMMANDANTS EN CHEF A TRAFALGAR | LE VAISSEAU LES DROITS DE L'HOMME |

## LES COMMANDANTS EN CHEF A TRAFALGAR

### VILLENEUVE (PIERRE-CHARLES-JEAN-BAPTISTE-SYLVESTRE DE)

COMMANDANT DE L'ESCADRE FRANÇAISE

Né à Valensoles (Basses-Alpes) le 31 décembre 1763
Mort à Rennes le 22 avril 1806.

### NELSON (HORATIO, VICOMTE)

COMMANDANT DE L'ESCADRE ANGLAISE

Né à Burnham Thorpe (village du comté de Norfolk)
le 29 septembre 1758
Mort à la bataille de Trafalgar le 21 octobre 1805.

## LE VAISSEAU LES DROITS DE L'HOMME

### LA CROSSE (JEAN-BAPTISTE RAYMOND DE)

Né à Meilhan le 7 septembre 1771
Mort dans son pays natal en 1828.

### EDWARD PELLEW
### BARON ET VICOMTE D'EXMOUTH

Né à Douvres le 17 avril 1759
Mort à Reingmouth le 6 janvier 1833.

Lorsque Nelson en prit possession, il ne trouva qu'un vieux vaisseau, coulant bas d'eau, criblé de boulets, rasé comme un ponton, et dont toutes les batteries étaient démontées. Il apprit, en même temps que sa lutte héroïque et la mort de son commandant, que presque tous ses officiers avaient été blessés, et trois cents hommes de son équipage mis hors de combat; il apprit aussi que les vaisseaux anglais auxquels le *Tonnant* avait prêté le flanc, étaient les plus maltraités de l'escadre britannique.

Le désastre d'Aboukir fut d'autant plus cruel qu'il aurait pu être évité, et même devenir un triomphe. Il rendit à l'Angleterre son prestige, et en relevant le courage des puissances européennes, ressuscita la coalition contre la France. Ce fut dans un prochain avenir la perte de Malte; il ne trouva de compensation ni dans la prise du Caire, le même jour, ni dans la bataille des Pyramides, vingt-trois jours après, et le souvenir de la défaite de l'amiral Brueys à Aboukir, en 1798, ne fut point effacé par celui, presque anniversaire, de la victoire du général Bonaparte en 1799.

## V

L'un des épisodes les plus touchants de la journée d'Aboukir, si fertile en actes de courage, de mâle résolution et de dévouement, fut la mort du jeune Casabianca.

A peine âgé de dix ans, il s'était embarqué avec son père qui commandait l'*Orient.*

Louis Casabianca, Corse d'origine, appartenait depuis longtemps à la marine, quand les électeurs l'envoyèrent à la Convention, puis au Conseil des Cinq-Cents.

Lorsque Brueys, qui le connaissait de vieille date, fut nommé au commandement de l'escadre destinée à l'Egypte, il lui offrit de devenir son capitaine de pavillon. Casabianca accepta, et son fils, qui ne voulait pas se séparer de lui, le suivit.

Le père et le fils ne s'étaient pas épargnés durant le combat, et l'enfant avait donné des preuves d'un courage au-dessus de son âge.

Lorsque gravement atteint le père tomba, ce fut son fils qui le reçut dans ses bras, et aida à le porter au poste des blessés.

Cependant l'incendie qui dévorait l'*Orient* faisait de rapides progrès, et chacun se hâtait de se jeter à la mer et de s'éloigner. Un matelot vient offrir au jeune Casabianca une place dans une cha-

Le jeune Casabianca meurt pour ne pas abandonner son père.

loupe, la dernière peut-être, qui va quitter le bord. Il la refuse, malgré les supplications de son père, décidé qu'il est à le sauver ou à mourir avec lui.

Aidé de l'intendant de l'escadre Joubert, il attache le blessé sur un tronçon de mât, et s'y place, gardien vigilant, près de lui et de son compagnon. Il était encore trop près de l'*Orient* quand l'explosion de la sainte-barbe a lieu, et les trois malheureux disparaissent dans le gouffre ouvert par la submersion du vaisseau[1].

[1] Rapport du lieutenant Charrier au ministre. *Moniteur* du 21 vendémiaire an VII.

Cet acte de dévouement filial a fait vivre pour la postérité le nom de Casabianca.

## VI

La reddition du *Tonnant* ne fut pas le dernier acte du drame d'Aboukir. Il devait avoir son épilogue.

Dix vaisseaux français seulement avaient été engagés avec treize vaisseaux anglais. Trois vaisseaux et quelques frégates de l'arrière-garde, commandée par le contre-amiral Villeneuve, ne prirent pas part à l'action, et en restèrent spectateurs impassibles. Le reproche de cette inaction a été maintes fois adressé à cet officier général, qui ne s'en est jamais bien lavé. Que si la fortune de la France, au lieu d'un Villeneuve, eût eu à la tête de son arrière-garde un du Chayla, un Bruix, un Linois, un Pléville Le Pellay, un Cosmao-Dumanoir ou un Emériau, Nelson, pris à son tour entre deux feux, aurait pu payer cher son audacieuse manœuvre, et ne trouver qu'une défaite dans la baie d'Aboukir.

Vainqueur, il fut créé baron du Nil, avec une dotation de deux mille livres sterling ; vaincu, il eût été traduit devant un conseil de guerre, dégradé et peut-être fusillé [1].

Villeneuve ne sut même pas faire amariner le *Bellérophon*, qui avait la veille amené son pavillon sous le feu du *Tonnant ;* il ne sut qu'appareiller le lendemain de la bataille, pour retourner à Malte, sans être inquiété par les Anglais, trop occupés à se réparer, et trop maltraités pour songer à l'attaquer.

Sa petite division se composait de deux vaisseaux et de deux frégates, le *Guillaume Tell,* qu'il montait ; l'autre, le *Généreux,* aux ordres de Le Joille.

---

[1] « Lorsqu'on apprit en Angleterre que Nelson était revenu sur ses pas sans avoir trouvé la flotte française, de toutes parts, on demanda sa mise en accusation, et l'on blâma fortement lord Saint-Vincent et l'Amirauté d'avoir fait choix, pour une mission aussi importante, d'un officier promu depuis si peu de temps au grade de contre-amiral. Combien donc il fut heureux pour lui de pouvoir recommencer cette mission, qu'il avait si mal remplie d'abord, avant que des ordres eussent pu parvenir à l'Angleterre pour son remplacement et sa mise en jugement, si vivement réclamés ! » (*Victoires et Conquêtes,* t. IX.)

Le Joille était l'un des meilleurs capitaines de la marine républicaine.

Mousse à sept ans sur un bâtiment de commerce commandé par son père, lieutenant en 1793, il avait, avec la frégate *l'Alceste*, enlevé, après un court engagement, le *Brunswick,* vaisseau anglais de 64. Cette prise et une grave blessure reçue dans le combat lui avaient valu sa nomination de capitaine.

Le *Guillaume Tell* et le *Courageux* naviguaient de conserve, mais la nuit les sépara.

En s'approchant de Candie, Le Joille rencontra un vaisseau anglais. C'était le *Leander*. qui avait à son bord le capitaine de pavillon de Nelson, et qui portait en Angleterre la nouvelle et les trophées d'Aboukir. Le Joille, qui regrettait de n'avoir pu tirer que quelques coups de canon à Aboukir, n'hésite pas à l'attaquer. Le feu est vif et bien soutenu de part et d'autre. Après une heure et demie de lutte, Le Joille, pressé d'en finir, ordonne l'abordage. Repoussé par un feu de mousqueterie bien nourri et bien dirigé, l'équipage français ne peut pénétrer sur le *Leander*, qui parvint à se dégager, mais sans mât d'artimon et sans grand mât de hune.

Vainement l'Anglais cherche à se dérober; Le Joille s'attache à lui, et la canonnade dure quatre heures encore. Enfin, par une manœuvre habile, le *Généreux*, placé en travers sur l'avant du *Leander*, va le balayer d'une bordée à mitraille; mais, par un sentiment d'humanité, Le Joille veut auparavant tenter une sommation, que le capitaine anglais est heureux d'accepter, et le commodore Thompson amène son pavillon.

Quand vient le moment d'amariner sa prise, grand embarras pour Le Joille. Tous ces canots avaient été fracassés par les boulets, et il n'en restait pas un à mettre à la mer. Vingt à trente matelots avec un officier se jetèrent à la nage, montèrent à bord du *Leander* et y arborèrent le drapeau national,

Les deux capitaines avaient été blessés, et les deux vaisseaux assez maltraités. Cependant, le *Généreux* put prendre à la remorque le *Leander*, et le faire entrer à Corfou.

C'est sur le *Généreux*, théâtre de son triomphe, que devait mourir de la mort des braves, moins d'un an après, le capitaine Le Joille.

Une flotte turco-russe était venue bloquer Corfou. Le Joille avait promis de percer sa ligne et d'aller chercher du secours à Ancône. Il la força avec son seul vaisseau.

Il revenait avec des soldats, des vivres et des munitions, quand sur sa route il lui prit fantaisie de s'emparer du petit port de Brindisi.

Dès le commencement de l'action, il fut emporté par un boulet. Le fort attaqué se rendit après deux heures de résistance ; mais Corfou, quand le *Généreux* y arriva, avait capitulé, et le vaisseau français revint à Ancône, sans aucun profit de sa mission.

En perdant Le Joille, « la France perdit un de ses meilleurs officiers, dont le nom est à peine connu de la génération actuelle, bien que la République reconnaissante ait tenté de le perpétuer, comme ceux de du Chayla, de du Petit-Thouars, de Casabianca, de Tartu et de quelques autres, en le donnant à l'un des bâtiments de ses escadres [1]. »

J'ai raconté Aboukir ; j'ai dit son prologue, ses péripéties, et son épilogue. N'offre-t-il pas à l'histoire assez d'actes particuliers de courage, de dévouement et d'héroïsme pour suffire à l'honneur de notre marine, lui assurer dans cette lutte sa large part de gloire, la consoler de sa défaite, et ne lui laisser rien à envier à l'Anglais vainqueur que les hasards du succès ?

---

[1] Troude et Levot. *Batailles navales de la France.*
Le Joille (Louis-Jean-Nicolas), né à Saint-Valery-sur-Somme, en 1659, tué devant Brindisi le 9 avril 1759, était à sa mort chef de division.

# CHAPITRE VIII

## LES HÉROS DE TRAFALGAR — LUCAS — INFERNET
## COSMAO-KERJULIEN

Trafalgar — ce n'est pas sans tristesse que nos marins prononcent
ce nom — fut pour notre marine ce que Waterloo fut pour notre armée,
une journée de gloire et de deuil, d'héroïsme et de désastres. Assez
d'autres ont écrit, dans tous ses détails, l'histoire de ce combat
mémorable [1], je ne veux que mettre en lumière la part glorieuse
qu'y prirent les trois héros de la journée, Lucas avec le *Redoutable*,
Infernet avec l'*Intrépide*, et Cosmao-Kerjulien avec le *Pluton*.

Ces trois officiers, l'honneur de la marine impériale, nés dans la
même condition, à peu d'années de distance, entrés au service au
même âge, comme simples matelots, avaient subi les exigences de
la hiérarchie, et conquis par leur courage tous leurs grades.

Fils d'un huissier de Marennes, Lucas était mousse à quatorze
ans, il devint pilotin, timonier, aide pilote, pilote et enfin enseigne
de vaisseau.

[1] On peut lire le récit de cette grande bataille navale dans : M. Thiers, *Histoire du Consulat et de l'Empire;* — Lamartine, *Le Civilisateur,* 1853; — F. Chassériau, *Précis historique de la marine française;* — Guérin, *Histoire de la marine;* — *Victoires et Conquêtes,* t. XVI; — Troude, *Batailles navales;* — Bouël-Willaumez, *Batailles de terre et de mer;* — Jurien de la Gravière, *Guerres maritimes sous la République et sous l'Empire;* — *Histoire des combats d'Aboukir et de Trafalgar;* — Jal, *Souvenirs d'un homme de lettres;* — *Revue britannique;* — *Revue maritime;* — *Annales maritimes;* — J. Lecomte, *France maritime; Chroniques de la marine française;* — G. de la Landelle, *Revue de France,* 1877, etc., etc.

Il paya ce grade de quinze années de mer, d'une campagne avec le comte de La Touche, de plusieurs actes de courage, et au prix de son sang, sur la frégate *l'Hermione*.

Une longue campagne dans la mer des Indes en fit un capitaine de frégate, et le combat d'Algésiras un capitaine de vaisseau. Il servit, et toujours avec distinction, sous les ordres des amiraux de la Touche, Linois, Villeneuve et Allemand ; paya de sa personne dans les cinq combats de l'*Hermione*, à Algésiras, à Trafalgar et à l'île d'Aix.

Dès 1782, lorsque Lucas n'était pas encore sorti des rangs subalternes de la marine, ses mérites furent certifiés en ces termes par le comte de la Touche, au retour d'une campagne :

« Lucas a rempli son service avec beaucoup d'intelligence, de zèle et d'activité ; il possède des connaissances au-dessus de son âge ; il s'est comporté d'une manière remarquable dans les cinq combats que nous avons essuyés. Son sang-froid ne s'est point démenti, même dans l'instant où il fut blessé au bras gauche, en vertu de quoi je lui accordai le commandement d'une prise. »

« Rochefort, 3 juin 1782.

« Comte DE LA TOUCHE [1] »

Lucas était un petit homme, trapu, de 4 pieds 8 ou 9 pouces environ. Sa figure était franche et spirituelle, son air vif et dégagé, comme son geste. Son courage à toute épreuve ne perdait jamais son sang-froid.

Les jours de combat, il se montrait à son équipage rasé de frais, sa toilette faite, et en grande tenue. Il parcourait le pont et les batteries, encourageait chacun du regard, de la main et de la voix ; puis, ses instructions données, il montait à son banc de quart, qu'il ne quittait qu'après l'action.

Plus âgé que Lucas de six ou sept ans, Infernet ne lui ressemblait ni au physique ni au moral, et ne le rappelait que par le courage. Il était comme lui enfant du peuple, bien que parent de Masséna. Il est vrai que Masséna lui-même n'était pas de haute extraction, et

---

[1] *Archives de la marine.*

qu'avant de devenir maréchal de France et duc de Rivoli, il avait débuté dans la vie maritime par deux campagnes en qualité de mousse.

Si Lucas par sa taille tenait du nain, Infernet par la sienne se rapprochait du géant. Il n'avait pas moins de 5 pieds 10 pouces,

Lucas.

il était grand comme un tambour-major, et gros comme un ci-devant prieur des Bénédictins. C'était un Provençal comme on n'en rencontre plus guère ; il était d'une grande ignorance, sans éducation première, parlant français beaucoup moins que le patois de sa province, vrai matelot, mais un bon et courageux matelot, dont on pouvait dire : « Infernet parle mal, mais il se bat très bien [1]. »

Comme Lucas, il était entré presque enfant dans la marine, avait

[1] Jal. *Revue maritime*, 1834.

été mousse, timonier, aide pilote et pilote ; en 1792, il était enseigne, et en 1794, capitaine. Son exaltation révolutionnaire, ses opinions républicaines hautement affichées, sa présence assidue dans les clubs ne nuisirent certainement pas à cet avancement rapide.

Il fit, sous le comte de Grasse, la guerre d'Amérique, et se distingua au combat de 1782, entre cet amiral français et l'amiral anglais Rodney. Il était embarqué sur le *César*, qui sauta dans l'action, et il n'échappa au désastre qu'en se sauvant à la nage. Enfin Villeneuve le retrouva près de lui à Trafalgar, luttant en même temps contre cinq vaisseaux ennemis, tous plus forts que le sien et ne cessant son feu que quand les caronades de ses gaillards furent au niveau de la mer, qui menaçait d'engloutir l'*Intrépide*.

Cosmao-Kerjulien, fils d'un notaire de Châteaulin, Breton d'origine, se plaçait par la date de sa naissance entre Lucas et Infernet[1].

D'un tempérament robuste, d'une constitution vigoureuse, d'un caractère franc et déterminé, d'une vocation prononcée, comme eux il entra à quatorze ou quinze ans dans la marine, en qualité de volontaire. En 1786, il était enseigne ; en 1793, capitaine ; en 1805 contre-amiral, et il est mort pair de France et grand d'Espagne.

Sur l'*Oiseau*, il eut un engagement avec une frégate anglaise de premier rang, qu'il força après une lutte de deux heures, à s'éloigner ; sur l'*Hirondelle*, brick de vingt canons, il soutint sans désavantage deux combats contre des bâtiments plus forts que le sien ; sur le *Tonnant*, dans la division du vice-amiral Martin, il eut, sous le cap Nollis, à répondre, lui quatrième, pendant près de quatre heures, au feu de douze vaisseaux anglais, et le lendemain il attaqua et enleva la frégate *l'Alceste ;* sur le *Pluton,* il prit le fort du Diamant, à la Martinique, jusque-là réputé inexpugnable ; enfin, à

---

[1] Lucas (Jean-Jacques-Étienne) était né à Marennes (Charente-Inférieure), en 1764 ; Infernet (Louis-Antoine-Cyprien) à Toulon, en 1756, suivant plusieurs biographes, en réalité à Nice, en 1757, d'après les *Archives de la marine.* Cosmao (Julien-Marie) à Châteaulin (Finistère), en 1761. Tous trois moururent à quelques années d'intervalle : le premier, à Brest, en 1819 ; le second, à Nice, en 1815 ; et le troisième, à Brest, en 1825.

Trafalgar, il dégagea l'amiral espagnol Gravina, et, après la défaite, reprit aux Anglais ou les força d'abandonner six vaisseaux, trophées de leur victoire.

Lucas, Infernet, Cosmao, voilà donc les trois principaux acteurs du drame de Trafalgar ! Maintenant que nous avons fait connaissance avec eux, suivons-les sur le lieu de la scène ; voyons quelle

Cosmao.

part glorieuse ils ont prise à ce mémorable combat, qui a immortalisé leurs noms, en les inscrivant en lettres d'or dans les annales de notre marine.

Le 28 vendémiaire an XIV, au matin, la flotte alliée de France et d'Espagne sortit de la baie de Cadix ; dès le soir, elle reconnut la flotte anglaise, et le lendemain elle manœuvra dans ses eaux.

La flotte franco-espagnole, sous les ordres de l'amiral Villeneuve, se composait de trente-trois vaisseaux, dix-huit français, quinze espagnols, de cinq frégates et de deux bricks. La flotte anglaise, commandée par Nelson, comptait vingt-sept vaisseaux, dont sept à trois ponts, quatre frégates et une goélette[1].

Au premier signal qu'on était dans le voisinage de l'ennemi, Villeneuve donna l'ordre du branle-bas général et fit former la ligne de bataille. Il transmit à ses équipages ce signal : « *Tout capitaine qui n'est pas au feu ne serait pas à son poste;* » de son côté, Nelson disait aux siens : « *L'Angleterre compte que chaque homme fera son devoir.* »

Les deux flottes s'avancent l'une contre l'autre; la flotte française sur une seule ligne, imparfaitement formée ; la flotte anglaise, divisée en deux colonnes, conduites, l'une par l'amiral Collingwood, l'autre par Nelson en personne.

Celle-ci, forte de douze vaisseaux, ayant à sa tête le *Victory* et le *Téméraire*, trois-ponts de cent dix canons, se dirige, sous toutes voiles, vers le *Bucentaure*, vaisseau-amiral français. Le projet de Nelson est de couper la ligne française, d'envelopper le *Bucentaure* et de l'écraser sous le feu de plusieurs de ses vaisseaux : ce projet est d'autant plus facile à exécuter, que l'espace réservé à deux vaisseaux qui ne sont pas à leur poste, le *Neptune* et le *San-Leandro*, est resté vide.

Mais Lucas a deviné le projet de l'amiral anglais. Aussitôt, par une manœuvre habile et audacieuse, il fait occuper par le *Redoutable* l'espace resté libre, et va placer son beaupré sur la poupe du *Bucentaure*.

Le *Victory* n'en continue pas moins sa marche; mais, impuissant à séparer l'amiral français de son matelot d'arrière, il se heurte à ce

---

[1] Lamartine (*Civilisateur*, de 1853) porte à cinquante le nombre des bâtiments composant la flotte française, quarante-deux vaisseaux et huit frégates; mais c'est une erreur que démontrent tous les documents officiels. Il faut du reste se défier beaucoup, comme historien, de M. de Lamartine, qui sacrifie trop souvent la vérité à l'effet dramatique. N'est-ce pas lui qui a fait couper par un boulet, dès les premières bordées, Renaudin, le capitaine du *Vengeur*, bien que Renaudin, en récompense de sa belle conduite, ait été nommé contre-amiral, et qu'il ait survécu quinze ans à la catastrophe de son vaisseau?

dernier et l'aborde de long en long. Les deux vaisseaux, accrochés l'un à l'autre, dérivent un peu hors de la ligne. La lutte corps à corps s'engage donc entre le vaisseau-amiral anglais de cent dix canons, monté par Nelson lui-même, et un petit vaisseau de soixante-quatorze, mais commandé par le capitaine Lucas, « digne de se mesurer avec un héros [1] ».

Mort de Nelson à bord du *Victory*.

Cette lutte, qui paraissait si inégale, tourne à l'avantage du *Redoutable*. En moins de quinze minutes, le *Victory* perd son mât d'artimon, son petit mât de hune, son grand mât de perroquet, coupés par les boulets ; ses manœuvres sont hachées, son pont couvert de morts ; Nelson est mortellement frappé. Le feu du vaisseau anglais s'éteint...

C'est alors que Lucas ordonne l'abordage. Déjà un aspirant et quatre matelots sont sur le pont du *Victory*, et deux cents hommes vont les suivre ; l'amiral anglais va être enlevé, et ce haut fait eût peut-être changé le sort de la bataille.

[1] Lamartine. Le *Civilisateur* de 1853.

« Quel jour de gloire pour le *Redoutable*, s'il n'avait eu à combattre que le *Victory* [1] ! » Mais le *Téméraire*, autre vaisseau à trois ponts, voyant la détresse de son amiral, se hâte de venir à son secours. Il range à tribord le vaisseau français et lui lâche à bout portant toute sa bordée. Elle fut désastreuse, tua ou mit hors de combat plus de deux cents hommes, blessa le brave Lucas, mais pas assez gravement pour lui faire abandonner son poste.

Ainsi serré entre deux vaisseaux à trois ponts, le *Redoutable*, avec les quelques pièces qui n'avaient pas été démontées et un équipage décimé, soutient encore la lutte. Mais voilà qu'un troisième vaisseau, le *Neptune*, vient, à portée de pistolet, le prendre en enfilade [2]. La résistance ne pouvait plus guère se prolonger, et le capitaine n'attendait, pour la faire cesser, que l'avis certain que son vaisseau allait couler. Quand cet avis fut apporté, il n'eut pas la douleur d'amener son pavillon, qui tomba avec son mât d'artimon.

Pendant le combat, un canon de dix-huit et une caronade de trente-six avaient, en crevant, tué et blessé beaucoup de monde à bord ; le feu avait pris à la braye du gouvernail ; les mâts étaient tombés.

Après le combat, « les ponts étaient couverts de morts, ensevelis sous les débris et les éclats des différentes parties du vaisseau. Presque toutes les pièces étaient démontées ; l'une des murailles du *Redoutable*, presque démolie, ne formait plus qu'un sabord ; le gouvernail était hors de service ; plusieurs trous de boulets, placés à la ligne de flottaison, laissaient entrer dans la cale l'eau en abondance. Tout l'état-major était blessé : dix aspirants sur onze étaient frappés à mort. Sur six cent quarante-cinq hommes d'équipage, cinq cent vingt-deux étaient hors de combat, parmi lesquels trois cents morts et deux cent vingt-deux blessés. Quiconque n'a pas vu dans cet état le *Redoutable*, ne pourra jamais se former une idée de son désas-

---

[1] Rapport du capitaine Lucas au ministre de la marine. Ce rapport, très circonstancié et très intéressant, a été imprimé dans le *Précis historique de la marine française* de F. Chassériau ; mais j'ai pu tenir et lire, non sans émotion, l'original aux Archives du ministère de la marine.

[2] Pour rendre plus sensible la lutte héroïque que le capitaine Lucas eut à soutenir, on a fait reproduire un plan de bataille.

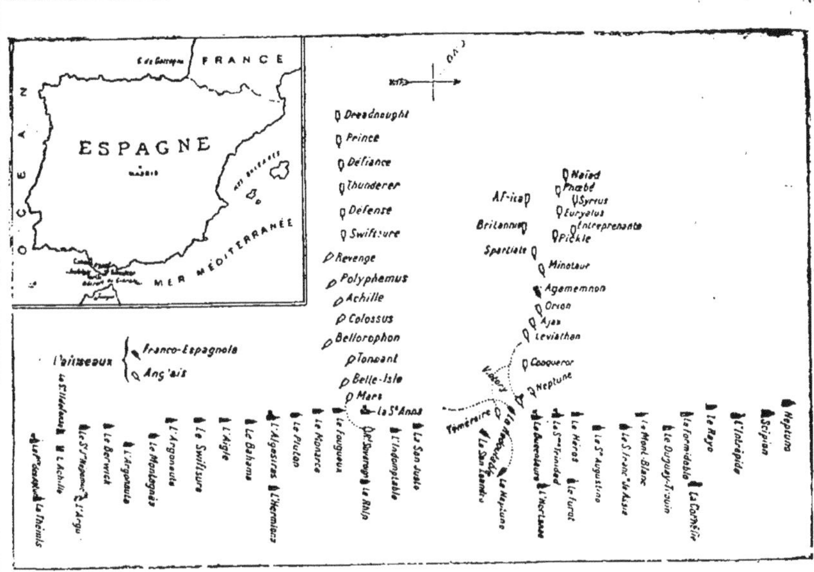

Plan de la bataille de Trafalgar.

1° La flotte franco-espagnole, forte de quarante voiles, commandée par l'amiral Villeneuve, rangée sur une seule ligne mal formée par le vide laissé entre le *Bucentaure* et son matelot d'arrière, et qu'auraient dû remplir le *Neptune* et le *San-Leandro;*

2° La flotte anglaise forte de trente-trois voiles, aux ordres de l'amiral Nelson, divisée en deux colonnes, se dirigeant toutes voiles dehors sur le centre de la flotte française, avec l'intention de couper sa ligne de bataille, en profitant de l'espace laissé libre par l'éloignement du *Neptune* et du *San-Leandro.*

Ce fut pour faire échouer ce projet que le capitaine Lucas, avec le *Redoutable*, vint se placer beaupré sur poupe, à l'arrière du *Bucentaure*, et engagea avec le *Victory*, de 110 canons, le glorieux combat dans lequel Nelson fut tué et le *Victory* désemparé.

EXPLICATION DU PLAN CI-DESSUS

tre[1]. » Il était tellement maltraité, que les Anglais ne purent le conduire comme trophée dans leurs ports, dont l'un cependant, Gibraltar, était si voisin, et qu'il coula dans la nuit qui suivit la bataille, avec les blessés qui étaient restés à bord, « et que leur courage avait rendus dignes d'un meilleur sort [2] ».

Lucas avait fait payer cher sa défaite aux trois vaisseaux qu'il avait combattus, et « ne s'était rendu qu'après le combat peut-être le plus sanglant et le plus opiniâtre de tous ceux qui ont honoré la valeur des Français[3] ».

Ces prodiges de valeur, Infernet les reproduisait sur un autre point de la bataille. Il montait, avec son fils, l'*Intrépide*, vaisseau de soixante-quatorze, à bord duquel avait été tué trois mois auparavant, au combat du Finistère, le brave capitaine de Péronne, auquel Infernet succédait dans le commandement. Il faisait partie de l'avant-garde, aux ordres du contre-amiral Dumanoir. Lorsque ce dernier, sans avoir combattu, fit à sa division le signal de la retraite, Infernet n'en tint compte et se porta, au milieu du feu, au secours du *Bucentaure* et de la *Santa-Trinidad*, alors entourés de vaisseaux anglais[4]. Que Dumanoir, trop prudent, n'a-t-il eu l'inspiration et la résolution d'Infernet! Qui sait quels résultats aurait pu amener l'intervention bien dirigée de quatre vaisseaux, qui n'avaient pas encore combattu, avec leurs trois cents canons et leurs trois mille hommes d'équipage!

---

[1] Rapport déjà cité du capitaine Lucas. — Thiers. *Histoire du Consulat et de l'Empire.*

[2] « On n'a eu que le temps de retirer du vaisseau cent dix-neuf Français, et à neuf heures du soir la poupe du *Redoutable* s'étant entièrement écroulée, il a coulé à fond, avec les malheureux blessés qui étaient restés à bord.

« L'équipage se composait de six cent quarante-trois hommes ; quatre cent soixante-quatorze ont été tués ou noyés ; cent soixante-neuf sauvés, parmi lesquels soixante-dix blessés. »

(*Procès-verbal de la perte du* Redoutable. *Archives de la marine. Rapport ci-dessus du capitaine Lucas.*)

[3] Lucas. *Précis des événements particuliers survenus à chaque vaisseau français, dans le combat du 29 vendémiaire an XIV.*

[4] Le *Bucentaure*, le *Santa-Trinidad* et le *Redoutable*, attaqués par des forces très supérieures, eurent à combattre pendant près d'une heure et demie la plus grande partie des douze vaisseaux de la colonne conduite par Nelson.

On voit que la tactique des Anglais sur mer est la même que celle des Allemands sur terre : accabler sous le nombre l'ennemi inférieur en forces.

A mesure que l'action avance, Infernet a affaire à deux, puis à trois, puis à quatre et à cinq vaisseaux ennemis ; il est même, à certain moment, entouré par sept.

« Je fus coupé, dit-il dans son rapport au ministre, par deux vaisseaux ennemis, qui commencèrent à me canonner. Je les approchai et à 2 heures je commençai à les combattre de très près. Demi-heure après je fus combattu par trois et de très près, à 3 heures par quatre, à 3 heures un quart par cinq. Je faisais feu des deux bords et même des canons de retraite ; le combat était des plus opiniâtres.....

« Plus tard, je fus entouré pas sept vaisseanx, qui tous me faisaient feu dessus. »

A la fin de la journée, quand il amena son pavillon, l'*Intrépide* avait trois de ses officiers tués et un blessé, la moitié de son équipage hors de combat. Il n'avait plus ni voiles ni mâts, était rasé comme un ponton et faisait six à sept pieds d'eau à l'heure. Il était dans un tel état que les Anglais renoncèrent à le remorquer et le brûlèrent le surlendemain de la bataille.

Il eut l'honneur de tirer le dernier coup de canon. Il y avait plus de 20 minutes que le feu avait cessé sur toute la ligne quand il cessa le sien [1].

Encore fallut-il lui faire violence pour le forcer à se rendre ; il voulait périr avec son vaisseau. « Ah ! que dira l'Empereur, répétait-il les larmes aux yeux, que dira l'Empereur, moi qui l'avais assuré que je pouvais encore soutenir dix combats..... et je me rends au premier..... »

---

[1] « Sous le vent de la ligne, un vaisseau français, *l'Intrépide*, occupe quelque temps encore les vaisseaux anglais. Sur cette arène désolée, où ne flotte plus un pavillon ami, le brave capitaine Infernet oublie qu'il prolonge seul une résistance désormais stérile. Il repousse le *Léviathan* et l'*Africa*, reçoit le feu de l'*Agamemnon* et de l'*A'jax*, combat l'*Orion*, bord à bord, et, démâté de ses trois bas mâts, n'amène que sous la volée du *Conqueror*. » (Jurien de la Gravière, *Guerres maritimes sous la République et sous l'Empire. Histoire des combats d'Aboukir et de Trafalgar.*)

« On ne peut donner trop d'éloges au courage que les officiers et l'équipage de l'*Intrépide* ont déployé dans un combat aussi inégal, et surtout à la persévérance du capitaine qui, prévoyant sans doute depuis longtemps l'issue du combat, a cependant attendu que son vaisseau fût réduit à la dernière extrémité pour se rendre à l'ennemi. » Villeneuve. *Rapport au ministre. (Archives de la marine.*)

Cette pensée le préoccupait vivement, car dans son rapport au ministre, écrit trois jours après sur le vaisseau anglais *l'Orion* : « Veuillez, je vous prie, disait-il, être mon interprète auprès de Sa Majesté impériale et royale, en lui exprimant les regrets que j'éprouve d'avoir perdu le vaisseau qu'elle m'avait confié, que j'avais juré de défendre jusqu'à la mort. Assurez-la surtout du désir que j'ai de venger l'honneur du pavillon dans quelque poste qu'elle jugera à propos de me placer[1]. »

Le commandant du *Pluton*, vaisseau sur lequel il était accoutumé à vaincre, Cosmao-Kerjulien prit à la grande action de Trafalgar une part moindre, bien que belle encore, que celle des capitaines Lucas et Infernet. Il fut moins l'homme du jour que l'homme du lendemain.

Toutefois, dans la bataille du jour, il désempara le *Mars*, vaisseau auquel il eut affaire, et prêta au *Prince des Asturies*, vaisseau-amiral espagnol, le plus utile concours.

Le *Monarca*, vaisseau espagnol, venait imprudemment d'abandonner sa ligne de bataille, et d'y laisser un vide, dont s'efforçait de profiter le *Mars*, vaisseau anglais. Cosmao se hâte de s'opposer à cette manœuvre ; il s'avance à sa rencontre et l'attaque avec vigueur. Après une canonnade, qui avait causé à l'ennemi de graves avaries et lui avait tué beaucoup de monde, il allait l'enlever à l'abordage, quand un vaisseau à trois ponts vient se mêler à l'engagement et prendre le *Pluton* en enfilade.

« Cosmao se dérobe habilement à ce nouvel adversaire, et, lui montrant le travers au lieu de la poupe, il évite son feu, en lui envoyant plusieurs bordées meurtrières.

« Revenu à son premier ennemi, et, sachant se donner l'avantage du vent, il réussit à le prendre en poupe, à son tour, à lui couper deux mâts et à le mettre hors de combat[2]. »

Presque au même moment l'amiral Gravina, dégagé du milieu de l'ennemi par le *Neptune* et le *Pluton*, donne le signal de la retraite ; Cosmao le suit et entre avec lui à Cadix. Mais le lendemain les An-

---

[1] Infernet. *Rapport au ministre du 3 brumaire an XIV. Archives de la marine.*

[1] Thiers. *Histoire du Consulat et de l'Empire.*

# LES HÉROS DE TRAFALGAR

## INFERNET (LOUIS-ANTOINE-CYPRIEN)

COMMANDANT DE L'INTRÉPIDE

Né à Nice le 12 juillet 1757, mort au même lieu le 4 mai 1815.

## LUCAS (JEAN-JACQUES-ÉTIENNE)

COMMANDANT DU REDOUTABLE

Né à Marennes (Charente-Inférieure) le 28 avril 1764
Mort à Brest le 6 novembre 1819.

## COSMAO-KERJULIEN (JULIEN-MARIE)

COMMANDANT DU PLUTON

Né à Châteaulin (Finistère) le 29 novembre 1761
Mort à Brest le 17 février 1825.

## MAGENDIE (JEAN-JACQUES)

CAPITAINE DU VAISSEAU LE BUCENTAURE

Né à Bordeaux le 21 mai 1766
Mort à Paris le 26 mars 1835.

glais passent avec leurs prises en vue de la rade. A cet aspect, Cosmao, auquel l'ancienneté a déféré le commandement, sent la honte et le patriotisme lui monter au cœur.

Le *Pluton* est troué par les boulets et fait, malgré les pompes, trois pieds d'eau à l'heure, son équipage, réduit de moitié, compte à peine 300 hommes. Ces raisons sont impuissantes à calmer l'ardeur de Cosmao. Il emprunte quelques matelots à la frégate *l'Hermione*, répare son grément à la hâte et appareille à la tête d'une division de cinq vaisseaux et de cinq frégates. Comme l'amiral anglais est dans un aussi piteux état que lui, il lui reprend deux vaisseaux, la *Santa-Anna* et le *Neptuno*, et le force à en couler ou en brûler quatre, la *Santa-Trinidad*, l'*Argonauta*, le *San-Augustino* et l'*Intrépide*.

L'accueil de l'Empereur et le grade de contre-amiral furent la récompense de cet acte héroïque.

Après la défaite, quand elle est honorable, comme après la victoire, viennent en récompense l'estime et la considération. Lucas et Infernet en firent une ample moisson en France et à l'étranger, et l'Angleterre n'en fut pas avare vis-à-vis d'eux.

Lorsque, le combat terminé, ils montèrent comme prisonniers, à bord du *Swiftsure* et de l'*Orion*, ils y furent reçus avec les égards et les honneurs dus au courage malheureux. « Permettez-moi, dit Lucas à sir Rusherford, en lui remettant son épée, de vous dire que ce n'est point au capitaine seul du *Swiftsure*, si honorable et si vaillant qu'il soit, que je la rends, mais à l'armée anglaise. » Cette fierté lui seyait d'autant plus, qu'il ne s'était pas mesuré avec le *Swiftsure* seul, mais qu'il avait héroïquement lutté contre le *Victory*, vaisseau-amiral, le *Téméraire* et le *Neptune*, vaisseaux de premier rang.

A Gibraltar, où Lucas et Infernet retrouvèrent leur amiral et le jeune Infernet, aspirant de vingt ans, qui dans la bataille s'était montré digne de son père, les officiers de la marine et de la garnison les fêtèrent et leur donnèrent un grand dîner.

A Portsmouth, à Bisho'Swattham, à Reading, partout ils étaient entourés de la foule ; partout ils étaient l'objet de la curiosité et de l'empressement de la haute société anglaise. Le peuple associait Lucas à la célébrité de Nelson.

L'Amirauté décréta que l'épée du commandant du *Redoutable* lui serait rendue. Elle lui fût remise solennellement par un officier de la marine anglaise, dans un souper donné en son honneur par la duchesse de Warren, femme de l'amiral, ambassadeur à Saint Pétersbourg, au milieu des applaudissements et des hourras de l'assemblée.

Après six mois de captivité, ils furent renvoyés sur parole et rentrèrent en France.

Le ministre de la marine, Decrès, leur fit un accueil empressé et les présenta ensuite à l'Empereur, à Saint-Cloud. « Si tous mes vaisseaux, leur dit Napoléon, en s'approchant d'eux, s'étaient conduits comme ceux que vous commandiez, la victoire n'aurait pas été incertaine.

« Je sais qu'il en est plusieurs qui ne vous ont pas imités, j'ai ordonné que des renseignements fussent recueillis à leur égard.

« Les capitaines qui, au lieu d'aborder l'ennemi, se sont tenus hors de portée de canon, seront poursuivis, et, s'il y a lieu, il en sera fait un exemple éclatant.

« Quant à vous, je n'avais pas besoin d'informations ; je vous ai nommés commandants de la Légion d'honneur. C'est en attendant les autres récompenses que vous ne manquerez pas de mériter[1]. »

Aux capitaines Magendie et Villemandrin, présentés quelques jours plus tard, il disait : « Vous êtes du nombre de ceux qui se sont bien battus ; vous prendrez votre revanche. »

L'Empire ne leur offrit point de nouvelle occasion de se signaler, et, quand vint la Restauration, cédant à l'esprit réactionnaire qui la dominait, elle les mit à la retraite, l'un en 1814, à cinquante-sept ans, l'autre en 1816, à cinquante-deux, c'est-à-dire à un âge où tous les deux pouvaient encore rendre au pays de grands services.

Leur ancien amiral, l'infortuné Villeneuve, avant de se frapper, à Rennes, de six coups de couteau, s'était souvenu de la journée de Trafalgar et des deux braves qui en avaient été les héros. Voulant faire leur part dans ses dispositions dernières, il leur légua une

---

[1] *Victoires et Conquêtes*, t. XVI, p. 197 et 198. Le *Moniteur* de mai 1806.

longue-vue cerclée d'or et un porte-voix précieux, en écrivant sur
l'une : « Pour toi, brave Infernet ! » et sur l'autre : « A l'intrépide
Lucas ! »

La reconnaissance des marins, leurs contemporains, avait joint à
leurs noms ceux de leurs vaisseaux, et on ne les appelait, dans tous
les ports, que le *Redoutable* Lucas et l'*Intrépide* Infernet.

Enfin, depuis leur mort, notre marine militaire, voulant honorer
et perpétuer le souvenir de ces noms, les a constamment donnés à
des bâtiments de ses flottes. Aujourd'hui encore, il n'est pas rare
d'entendre de vieux marins raconter par tradition, à la veillée, les
actes d'intrépidité et les beaux faits d'armes de Lucas et d'Infernet.

Au récit qui précède, nous croyons utile d'ajouter quatre lettres
*inédites* des trois braves capitaines dont le nom est désormais inséparable du souvenir de Trafalgar. S'il est vrai que le style est
l'homme, elles serviront à apprécier leur caractère, et à les mieux
connaître.

Nous commençons par la lettre d'Infernet, écrite en Angleterre,
deux mois après la bataille, et donnant des détails sur la misérable
situation que lui fait sa captivité. Elle est adressée au ministre de
la marine :


« Monseigneur,

« J'ai l'honneur de rendre compte à Votre Excellence de mon
« arrivée en Angleterre, et qu'immédiatement après mon débarque-
« ment à Portsmouth, j'ai été réuni au vice-amiral Villeneuve et
« aux capitaines de vaisseau Magendie et Lucas, et de là envoyé
« avec eux à Bishops-Waltham, et de là à Reading, à douze milles
« de Londres, cantonnement qui nous a été désigné.

« Je me joins, Monseigneur, à mes compagnons d'infortune, pour
« supplier Votre Excellence de nous rappeler en France le plus tôt
« qu'il vous sera possible, soit par échange, ou sur parole, et de
« faire cesser par ce moyen l'état de misère auquel je me trouve,
« moi et mon fils, ayant été enlevé de mon bord, au moment que
« j'ai succombé, avec ce que j'avais sur le corps seulement. Je me
« trouve en ce pays-ci dépourvu de tout moyen et de toute res-

« source ; l'*Intrépide*, coulant bas d'eau, a été évacué et brûlé deux
« jours après le combat, sans pouvoir rien sauver. Je suis réduit à
« vivre ici, avec la journée d'un simple ouvrier, n'ayant point de
« fortune.

« J'ose espérer, Monseigneur, que vous daignerez venir à notre
« secours ; j'ose croire, Monseigneur, que l'opiniâtre combat du
« vaisseau *l'Intrépide*, dont vous trouverez les détails ci-joints, me
« donne lieu d'attendre l'appui de votre bienveillance.

« Recevez les sentiments du plus profond respect avec lequel j'ai
« l'honneur d'être, Monseigneur, de Votre Excellence votre très
« humble et très obéissant serviteur,

« INFERNET,

« *Capitaine de vaisseau, officier de la Légion d'honneur,*
« *commandant ci-devant l'Intrépide.*

« Reading, le 1er janvier 1806. »


En l'an II de la République, Infernet, encore lieutenant de vaisseau, écrivait d'un tout autre style au commandant d'armes Tréhouart :

« Marseille, ce 26 floréal, l'an II de la République
« française une et indivisible, impérissable
« et démocratique.

« *Le citoyen Infernet au citoyen Tréhouart, commandant d'armes,*
« *au port de la Montagne, salut.*

« Citoyen-commandant,

« J'ai le plaisir de t'annoncer que le jour que nous sommes partis
« du port de la Montagne, j'ai commencé à donner l'ordre à toutes
« les municipalités de la route de ne laisser passer aucun marin
« sans permission...

« Je pars demain sans faute pour Martigue, et j'espère y opérer
« encore de la bonne besogne...

« Je vous salue tout fraternellement.

« INFERNET. »

Le capitaine Lucas commandait le *Régulus* et faisait partie de l'escadre aux ordres du vice-amiral Allemand, mouillée en rade de l'île d'Aix, lorsqu'elle y fut attaquée, dans la nuit du 12 avril 1809, par lord Cochrane, avec cinquante brûlots, des catamarans, et des machines infernales de l'invention du colonel Congrève.

Trois vaisseaux et une flûte, obligés de s'échouer, furent incendiés.

Le *Régulus*, pour échapper aux brûlots, s'échoua aussi sur les vases de Fouras, mais son brave et habile capitaine parvint, malgré les efforts des Anglais, à relever son vaisseau, à le remettre à flot et à rentrer en rivière, après avoir soutenu quatre engagements contre l'ennemi, avec ses seuls canons de retraite.

Le désastre de l'île d'Aix aurait-il pu être prévenu ? doit-on l'attribuer aux mauvaises dispositions de l'amiral ? Nous ne savons, mais l'opinion du capitaine Lucas, partagée par la marine presque entière, l'en rendit responsable.

L'amiral Allemand était un homme d'un caractère dur et difficile. « Il était, dit M. Hennequin (*Biographies maritimes*), altier, frondeur, et méconnaissait toute autorité supérieure ; il abusait souvent de celle qui lui était confiée, et, nous le disons à regret, les officiers regardaient presque comme une défaveur ou une punition d'être employés sous ses ordres. »

Cette appréciation de M. Hennequin se justifie par la lettre très curieuse, qu'il ne pouvait pas connaître, adressée par le capitaine Lucas au ministre de la marine, quelques mois après l'affaire de l'île d'Aix :

« *Le capitaine de vaisseau Lucas, l'un des commandants de la Légion « d'honneur, à Son Excellence monseigneur Decrès, ministre de la « marine et des colonnies.*

« Monseigneur,

« Depuis trente-trois ans que j'ai l'honneur de servir l'État et « Sa Majesté I. et R., je n'ai jamais fait aucunes démarches pour « faire changer les destinations de service que j'ai reçu, et j'aurais « désiré arriver au terme de ma carrière militaire, ainsi que je l'ai

« parcourue jusqu'à ce jour, avec la même obéissance passive et
« l'entier dévouement avec lequel on m'a toujours vû voler aux
« postes qui m'étaient assignées.

« Si dans la situation critique où je me trouve, il ne s'agissait,
« Monseigneur, que d'exposer ma vie, je suis toujours prêt à en
« faire le sacrifice pour la gloire de Sa Majesté, mais il y va de mon
« honneur, et j'ai trop à cœur de le conserver sans tache.

« Je me vois donc forcé, Monseigneur, de supplier V. E. de vou-
« loir bien ne pas me contraindre à servir plus longtemps sous les
« ordres de M. le vice-amira¹ Allemand ; veuillez voir que ce n'est
« qu'à force de persévérance et de courage que je suis parvenu à
« ne pas partager sa honte dans les événements que nous eussions
« pu éviter à l'île d'Aix.

« Plusieurs motifs, d'ailleurs, qui vous sont bien connus, Mon-
« seigneur, et que les bornes de ma lettre ne me permettent pas de
« vous rappeler, ont fait de cet homme féroce mon plus cruel en-
« nemi, qui ne cherche que l'occasion de me flétrir, et je suis trop
« orgueilleux des récompenses qu'a daigné m'accorder S. M. I.,
« trop jaloux de les faire briller avec honneur aux yeux de ses enne-
« mis, pour souffrir qu'elles soient aviles par les nombreuses humi-
« liations qu'il fait journellement supporter à une foule de mes
« plus braves camarades.

« Je m'abstiendrai, Monseigneur, d'en dire davantage, l'opinion
« générale des français de toutes classes, des militaires de tous
« rangs et de toute arme, surtout de la marinne entière, sur la mo-
« ralité de celui sous lequel je ne puis servir, ne vous laissera rien
« à désirer pour juger vous-même si le motif de ma démarche est
« suffisamment fondé. Puisse t'elle ne pas irriter contre moi S. M.
« I. et R., mon auguste bienfaiteur, ne pas déplaire à V. E. et me
laisser encore l'espoir de montrer aux ennemis de notre immor-
tel monarque le courrage et le dévouement qu'ils m'ont vû dé-
ployer dans dix huit combats sur mer, que j'ai honorablement
soutenus !

« Les affections moralles dont je suis tourmanté, jointes aux blessures mal guéries, que j'ai reçu dans nos derniers événements,

« ont tellement affoibli ma santé, que je supplie V. E. de m'accor-
« der un congé d'un mois ou six semaines près Paris, pour me
« rétablir.

« Agréez, Mgr, l'assurance du profond respect avec lequel j'ai
« l'honneur d'être,

« De votre Excellence, le très humble et très obéissant servi-
« teur,

« Lucas.

« Paris, le 22 septembre 1809. »


La dernière lettre que nous donnons du capitaine Cosmao n'est
pas la moins curieuse.

Elle est datée du golfe Jouan, à bord du *Tonnant*, vaisseau qui
faisait partie d'une division aux ordres du vice-amiral Martin.

Elle montre la haine des marins de la République et de l'Empire
pour les Anglais, que Cosmao traite de j... f..., de coquins, de *vié-
dases*, et le peu d'instruction des meilleurs capitaines de ce
temps-là.

Cosmao était le fils d'un notaire, et déjà en l'an II capitaine de
vaisseau ; il ignorait les règles les plus élémentaires de l'orthographe, comme les Renaudin, Infernet, Lucas et la plupart des
généraux de terre et de mer, ses contemporains.

Ces hommes, presque tous des héros, savaient à peine lire et
écrire, ne savaient pas l'orthographe, mais ils savaient se battre,
faire au besoin le sacrifice de leur vie, et ils ont écrit avec leur
sang et par leurs hauts faits l'histoire militaire de la République et
de l'Empire. C'est après tout une manière d'écrire qui en vaut bien
une autre !...

*« Au citoyen, citoyen Tréhouart, commandant d'arme, au port
de la Montagne (Dépt du Var).*

LIBERTÉ.                                                    ÉGALITÉ.

RÉPUBLIQUE FRANÇAISE

« Il me devient inutile de te raconter nos prises, ainsi que notre
« campagne ; le Joille t'aura raconté la fuite de ces j... f... d'Anglais
« qui ont été chercher l'autre division pour nous tomber sur le
« corps, et je regarde que nous avons été très heureux de n'avoir
« pas été entamé par ces coquins ; la brise les menait droit vent en
« arrière sur nous, pandant que nous étions dans un calme plat, et
« obligé d'avoir nos embarcations de l'avant pour nous touer. Nous
« sommes tous bien embossés, mais nous ne savons pas quand
« nous partirons. Ces viédase s'amuses tous les jours à défiler de-
« vant nous, et leur nombre varie presque tous les jours ; aujour-
« d'hui ils sont 9 vaisseaux, dont 5 à 3 ponts et 3 frégates ; l'autre
« division est allé croiser, mais je ne la crois pas très-éloigniée.

« Le manque de 180 hommes que j'ai hor du bord, compris ceux
« qui ont manqué le vaisseau, m'angage à te prier de me renvoyer
« les matelots et soldats que j'ai mis à bord de l'*Alceste*, et ce sont
« les meilleurs qui ont parti, comme il arrive presque toujours en
« pareil cas, dans l'espoir de faire des parts de prises ; le général
« doit t'écrire à ce sujet. Si tu les envoye par terre, ils n'auront
« pas grand chose à porter, car ils ont tous leurs sacs à bord, lors-
« que j'ai mais batteries garnies il ne me reste personne sur le pont,
« et ton intantion n'est pas que ta femme se déshonnore si tu le le
« peu...

« Ton camarade et ami.

« COSMAO.

« A bord du vaisseau *le Tonnaut*, le 2 messidor l'an IIᵉ de la République fran-
« çaise, une indivisible.

« Mouillié au golfe Jouan. »

Cosmao et Tréhouart étaient très liés et sont restés vieux camarades jusqu'au dernier jour. Il se traitaient de mari et de femme,
comme d'autres officiers se traitaient de père et de fils, d'oncle et
de neveu. C'est ce qui explique la dernière ligne de la lettre qui
précède.

Devenu contre-amiral, préfet maritime, pair de France, grand
d'Espagne de première classe, M. Cosmao-Kerjulien n'eût pas été
probablement peu étonné si on avait remis sous ses yeux, en 1825,
sa lettre de messidor an II.

# CHAPITRE IX



Il y a trois quarts de siècle, les combats et la perte de deux frégates françaises mettaient en émoi toute la population des côtes de la Manche, depuis le Havre jusqu'à Cherbourg, et donnaient lieu à d'étranges rumeurs et à de singulières versions [1].

Sorties du Havre de conserve pour aller à Cherbourg, l'*Amazone* et l'*Elisa*, belles frégates de 44, s'étaient perdues l'une et l'autre, dans la traversée, non loin du port où elles devaient entrer.

La distance à franchir était de vingt à vingt-cinq lieues. Or, on se demandait avec étonnement comment deux capitaines habiles n'avaient pas su profiter d'un bon vent et d'une nuit obscure pour effectuer une si courte traversée, et échapper à la croisière anglaise. On se demandait surtout comment de ces deux frégates, après leur relâche à la Hougue, l'une à peine appareillée et portant au large, avait pu, en moins d'une heure, revenir sur le chemin parcouru, contre le vent et la marée, et s'échouer presque à l'endroit d'où elle était partie, à 1.000 mètres de la terre, et comment l'autre était venue toucher sur une roche, en vue de la rade de Cherbourg, sans pouvoir y mouiller.

Ces événements, peu explicables, donnèrent naissance à bien des accusations. Les uns criaient à l'impéritie, les autres à la peur de

---

[1] Les événements de ce chapitre appartiennent à l'Empire, mais les deux commandants de l'*Amazone* et de l'*Elisa* étaient des marins de la République.

l'ennemi, certains à la trahison, mais tous criaient, et ce fut à
grand'peine que la décision de deux conseils de guerre mit un terme
aux suspicions et aux clameurs.

Par quelles causes, et dans quelles circonstances, la marine impériale éprouva-t-elle un pareil sinistre ? C'est ce que nous essayerons
de dire, à l'aide de dépositions de témoins *de visu*, de correspon-
dances inédites, de rapports et de documents authentiques conser-
vés aux archives du ministère de la marine.


I


La France avait en 1810, sur la rade de Cherbourg, une petite
division, aux ordres de Amable-Gilles Troude, alors capitaine de
vaisseau, et devenu depuis contre-amiral. Il avait son pavillon sur
le *Courageux*, vaisseau de 74, avec lequel il avait soutenu contre
les Anglais un glorieux combat.

Pour surveiller cette division et les mouvements du port, l'Angleterre entretenait dans la Manche une croisière de deux vaisseaux,
deux frégates et un brick, qui, au premier appel, pouvait être ren-
forcée.

Sur la rade du Havre étaient deux frégates, l'*Amazone* et l'*Elisa*,
dont le ministre de la marine voulait augmenter l'escadre de Cherbourg. En conséquence ordre fut expédié de Paris aux commandants
de ces bâtiments de saisir le premier moment favorable pour appareiller.

L'*Amazone* et l'*Elisa* avaient pour capitaines des officiers d'expérience et de courage. L'un, Louis Rousseau, avait soutenu il y avait
à peine un an sur la *Junon*, contre les deux frégates anglaises
*Latona* et *Horatio* et les sloops *Asp* et *Supérieur*, un combat
acharné, qui lui avait fait un grand honneur.

L'autre, Louis-Henri Desaulces de Freycinet, connu par un
voyages de découvertes aux terres australes, avait pris part aux
combats du cap Nolis contre les escadres anglo-espagnoles et en
avait soutenu honorablement deux, l'un sur le brick *le Phaéton*,

l'autre sur la frégate *la Pique* [1], dans lesquels il avait perdu le bras droit et avait été grièvement blessé à la jambe et à l'épaule.

Malheureusement, les équipages avaient été composés à la hâte et sans choix. A leur effectif, incomplet d'un quart, on comptait une cinquantaine de pauvres infirmiers, des conscrits, des enfants, des novices passés tout récemment matelots, et dont pour la plupart

Le Havre à la fin du dix-huitième siècle.

c'était une première campagne. Aussi le plus grand nombre furent-ils malades du mal de mer. Les canonniers, venus de Rochefort, n'offraient guère plus de garanties de solidité [2]. C'étaient donc là de tristes équipages et dont la composition diminuait singulièrement la responsabilité des chefs.

Le 12 novembre 1810, par une bonne brise de nord-nord-est, un temps à grains et une nuit assez sombre, l'*Amazone* et l'*Elisa* appa-

[1] Le capitaine Desaulces de Freycinet était né à Montélimart (Drôme) le 31 décembre 1777. Ses deux combats sur le *Phaéton* et sur la *Pique* eurent lieu l'un et l'autre en 1806.

[2] Rapport du capitaine L. Rousseau au ministre, du 2 novembre 1810. *Archives de la marine.*

reillèrent de la rade du Havre. Presque immédiatement elles furent reconnues par les deux frégates anglaises qui les surveillaient et qui les suivirent. Elles purent arriver cependant sans encombre jusque sous les îles de Saint-Marcouf, à une douzaine de lieues de Cherbourg, mais elles ne purent les doubler et furent forcées de virer de bord, manœuvre qui les rapprocha des frégates ennemies dont elles reçurent, sans grand dommage, deux volées.

Elles mouillèrent sous les îles Saint-Marcouf et, quelques heures plus tard, dans la baie de la Hougue, sous le canon des forts.

La Hougue est célèbre dans les annales maritimes par la bataille qu'y livra, en 1692, le maréchal de Tourville aux flottes combinées de Hollande et d'Angleterre, doubles en nombre de la flotte française.

L'éveil fut bientôt donné à la croisière anglaise de la Manche, et les deux frégates françaises se trouvèrent bloquées à leur mouillage.

L'*Elisa*, par un gros temps, chassa sur ses ancres et s'échoua; la batterie jetée à la mer, elle fut relevée.

Le 15 novembre, deux vaisseaux de 80 et deux frégates s'approchèrent, prudemment toutefois, et échangèrent quelques bordées avec l'*Amazone*, soutenue par les forts de Tatihou et de la Hougue. Une quinzaine de jours après, elle échappait au blocus et rentrait au Havre.

N'aurait-elle pas pu aussi facilement venir mouiller en rade de Cherbourg? Le commissaire principal de ce port, M. Franqueville, le croyait, car le 25 novembre il écrivait au ministre de la marine :

« M. Rousseau a navigué en caboteur. Pendant sa station à la Hougue, il a eu des nuits favorables dont il n'a pas profité[1]. »

Restée seule l'*Elisa* fut attaquée quatre jours de suite, sans succès il est vrai, mais enfin sa position n'était pas sûre et c'était prudence que de songer à en sortir[2].

Le 22 décembre donc, ayant à bord deux excellents pilotes côtiers,

---

[1] *Archives de la marine.*

[2] C'est par erreur que MM. P. Levot et A. Doneaud ont écrit « qu'après s'être fait canonner pendant 5 jours à la Hougue, où il avait était forcé de s'échouer, le capitaine Freycinet ne se rendit qu'après un dernier combat » (Voy. *Les Gloires maritimes de la France.*)

elle profite de la nuit et d'un grand vent de sud-ouest favorable
pour appareiller. Il était six heures du soir, et le vent la poussait au
large ; or, trois quarts d'heure après elle faisait côte à 1.000 mètres
environ de la terre, à l'embouchure de la Saire. Pour venir s'échouer
ainsi, non loin du lieu qu'elle venait de quitter, il lui avait fallu
virer de bord, sans que le capitaine s'en doutât, et refaire en arrière, contre le vent et la marée, la route qu'elle avait faite en
avant. Aussi parmi les hommes du métier pas un ne pouvait se
rendre compte d'une pareille manœuvre, ni d'un pareil résultat.
« Apparémment, disaient en se regardant ironiquement de vieux
marins de la côte, que le capitaine Freycinet a vu là quelque découverte à faire, et qu'il a voulu s'assurer si la Saire était navigable [1]. »

Les autorités maritimes, chargées d'instruire sur cet événement,
prirent la chose plus au sérieux.

Dans ses lettres au ministre des 22 et 23 décembre, M. Franqueville disait : « Partie hier soir à six heures par un grand vent du
S.-O., poussant par conséquent au large, l'*Elisa* a retourné sur
terre une heure après, et s'est jetée à la côte entre Réville et Tatihou,
à l'embouchure de la Saire...

« Elle appareillait à six heures et, trois quarts d'heure après,
elle était échouée à cinq cents toises de la terre...

« Les pilotes que je lui avais donnés étaient les meilleurs pos-
sibles ; aussi ne leur fait-on aucune imputation, et c'est beaucoup.
Plût à Dieu qu'on eût exécuté leurs manœuvres !...

« J'ai le cœur trop ulcéré peur cacher à Votre Excellence qu'il y
avait de grands coupables sur ce bâtiment.

« Je vous avoue, ajoutait le capitaine de frégate L'Écolier, que cet
événement est pour moi incompréhensible.

« Le pilote le plus expérimenté, voulant essayer si on pouvait
conduire une frégate au pont de Saire, n'aurait pas aussi bien réussi.

« Je m'abstiens de toutes autres réflexions. La suite pourra faire
découvrir les auteurs d'un pareil complot. »

---

[1] La Saire est une rivière du département de la Manche, qui descend des
collines du Mesnil-au-Val, baigne plusieurs communes, et, après un parcours
de 35 kilomètres, se jette dans la Manche, entre Saint-Vaast-la-Hougue et
Barfleur.

Enfin, le général Grandjean qui, sur les lieux, avait recueilli les dires et l'opinion de beaucoup de gens, écrivait : « Cet échouement est d'autant plus inconcevable, que la frégate, pour venir là, a été obligée de changer de route, et d'aller contre vent et marée...

« Je ne sais ce que cela signifie! mais s'il n'y a pas de la malveillance, il y a au moins de l'impéritie[1]. »

Sur l'ordre du ministre, l'état-major et l'équipage furent d'abord consignés à la Hougue, puis arrêtés ; les pilotes et les timoniers mis en prison, et un conseil de guerre convoqué.

Il se réunit à la Hougue, sous la présidence du contre-amiral Lacrosse. Son jugement, du 22 janvier 1811, acquitta le capitaine de Freycinet, et condamna le premier et le second chef de timonerie à un an et à trois mois d'emprisonnement[2].

Les antécédents de courage et d'expérience du capitaine de Freycinet devaient le mettre à l'abri de tout soupçon, et cependant jusqu'à la fin de l'Empire il resta sans commandement et presque en disgrâce. Ce fut la Restauration qui en fit en 1816 un capitaine de vaisseau, et en 1828 un contre-amiral ; le nomma gouverneur de la Martinique, de Bourbon et de la Guyanne, et enfin préfet maritime à Rochefort, où il mourut en 1840, entouré de l'estime et des regrets de ses administrés.

M. de Freycinet, Henri, avait un frère, plus jeune que lui de deux ans, Claude-Louis, avec lequel quelques biographes l'ont confondu.

---

[1] Lettres de M. Franqueville au ministre, des 21, 23 et 24 décembre 1810 ; du capitaine de frégate L'Ecolier et du général Grandjean, du 23 décembre même année. *Archives de la marine.*

Les auteurs des *Batailles navales de la France*, MM. Troude et Levot, se sont bornés à dire : « L'*Elisa* appareilla pendant la nuit très obscure du 22 décembre, sans être aperçue par la croisière anglaise. Toutefois, l'obscurité, qui avait favorisé sa sortie, occasionna sa perte : elle s'échoua sur le banc de Réville, d'où elle ne put être relevée. »

[2] J'aurais été curieux de lire les motifs de ce jugement, mais je l'ai vainement cherché aux *Archives de la marine.* Il ne se trouve ni au dossier Freycinet ni à celui de l'*Elisa.* Il en a été retiré, et il n'y est mentionné que par sa date, 12 janvier 1811.

Il avait été préparé, du reste, par le rapport du ministre à l'Empereur, dans lequel on lisait : « Je n'hésite pas à assurer que la perte de la frégate tient à la préoccupation du capitaine sur les brisans, à celle des officiers sur la manœuvre, et à la malentente des timonniers. » (*Rapport du 28 décembre 1810.*)

La confusion n'était que trop facile à commettre. Nés au même lieu, les deux frères étaient entrés en même temps dans la marine, avaient été embarqués sur les mêmes navires, et nommés presque simultanément aux mêmes grades ; ils avaient assisté aux mêmes combats et effectué ensemble un intéressant voyage de découvertes ; enfin, ils avaient perdu l'un et l'autre les bâtiments qu'ils commandaient et été traduits devant un conseil de guerre, qui les avait acquittés.

Cet épisode de leur vie militaire ne nuisit du reste ni à leur considération ni à leur avancement : Claude eut le grade de capitaine de vaisseau et une place à l'Institut, et Henri fut promu à la dignité de contre-amiral[1].

II

Pendant l'instruction du procès fait à l'équipage de l'*Elisa*, il n'était bruit à Cherbourg que des dépositions des témoins, des appréciations des autorités locales, de la perte de la frégate et des circonstances qui pouvaient l'expliquer.

---

[1] Tandis que Henri était nommé au gouvernement de nos colonies, Claude recevait le commandement de la corvette *l'Uranie*, sur laquelle il fit un voyage de circumnavigation de trois ans.

Elle se perdit au retour aux îles Malouines, et son capitaine, comme celui de l'*Elisa*, passa devant un conseil de guerre.

La tendresse de de M^me Freycinet, alarmée sur la santé de son mari, n'avait pas voulu le laisser partir seul. Elle avait si vivement insisté pour partager les dangers de ce long voyage d'exploration, que le commandant, malgré les défenses des règlements, consentit à l'emmener avec lui. Elle s'embarqua sous un habit de matelot et ne reprit les vêtements de son sexe qu'assez loin de la France.

Est-il vrai que chaque matin le capitaine étalait complaisamment une carte devant elle, et lui demandait quels lieux elle voulait visiter ?

Au retour de l'expédition, un jeune officier qui avait, paraît-il, à se plaindre de madame la capitaine, en publia le récit sous ce titre piquant : *Voyage autour du monde de l'Uranie, commandée par M^me de Freycinet.*

Toujours est-il que, dans tout le cours du voyage, elle montra autant de courage que de dévouement à son mari, et qu'au moment du naufrage elle fut la dernière, avec lui, à quitter l'*Uranie*.

Dans un café, au milieu d'un groupe d'officiers, un soir de l'hiver de 1811, le capitaine Drouault, échauffé par la discussion, dit assez haut : « Eh bien, je réponds, moi, que si j'avais été à bord des deux frégates, elles seraient aujourd'hui en rade de Cherbourg. » Ce propos fut probablement recueilli par l'un de ces agents secrets que l'Empire entretenait dans les ports, car, quarante-huit heures après, le télégraphe apportait à celui qui l'avait tenu l'ordre de partir sans retard pour le Havre, d'y prendre le commandement de l'*Amazone*, et de la conduire à Cherbourg.

Le capitaine Jacques-Pierre-Charles Drouault avait tout ce qu'il fallait pour mener à bien cette mission. Marin depuis vingt-cinq ans, capitaine depuis cinq ans, il avait eu plusieurs commandements et huit ou dix combats, d'où il était sorti avec honneur[1].

Il part donc et va remplacer le capitaine Rousseau, étonné d'un ordre aussi peu attendu.

Il appareille du Havre dans la soirée du 23 mars ; le lendemain, à quatre heures et demie du matin, il était en vue de Cherbourg, « et se croyait au terme de sa traversée[2] », quand l'*Amazone* talonne sur les *Héquets*, roche jusqu'alors inconnue, et démonte son gouvernail. Il est remplacé par une traîne ; mais la frégate ne peut lutter contre les courants, et elle est drossée à cinq ou six lieues de là, sous Gatteville, où elle mouille par neuf brasses d'eau, entre les rochers de *Roubary* et ceux de *Noir-Folies*.

La division anglaise de la Manche ne tarde pas à être avertie, et Drouault voit accourir, pour l'attaquer, un vaisseau de 80, le *Brunswick*, deux frégates de 44, la *Niobé* et l'*Amélia*, une corvette et deux bricks de 16. Il ne s'effraye point de cette réunion d'ennemis, et fait ses préparatifs pour les bien recevoir.

Le combat s'engage à quart de portée, et durant deux heures, l'*Amazone* échouée, et qui ne peut se servir que d'une batterie, soutient le feu « le plus actif et le mieux nourri ». Pendant cette

---

[1] Le capitaine Drouault était né à Lorient le 10 avril 1775; il mourut à la mer, à bord de l'*Amphitrie*, en 1826, atteint par le croc d'une poulie de retour.

[2] Rapport du capitaine Drouault au ministre, du 25 mars 1811. (*Archives de la marine.*)

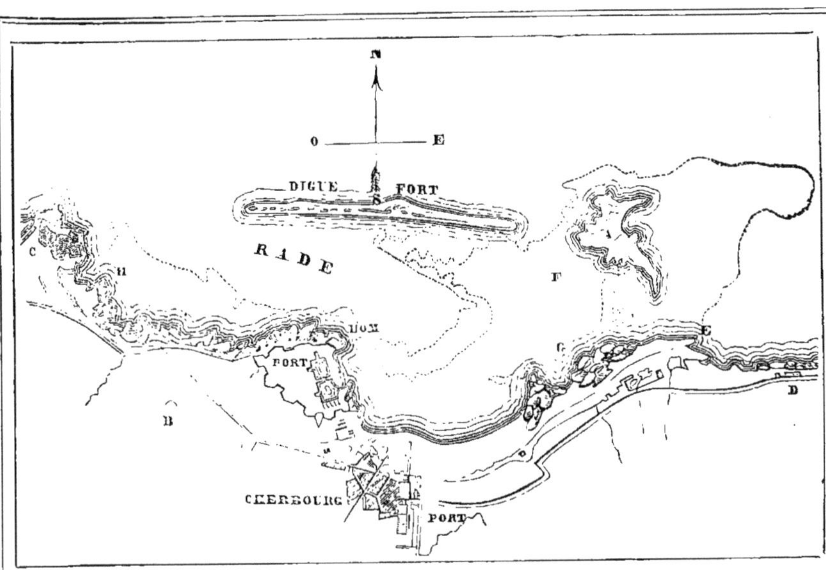

Porte de la rade et des atterrages de Cherbourg.

*A*. Ile Pelée. — *B*. Querqueville. — *C*. Fort de Querqueville. — *D*. Becquet. — *E*. Plage du Sable. — *G*. Les Flamands. — *H*. Anse Sainte-Anne. Le port militaire est au nord-ouest du port de commerce.

La rade de Cherbourg est défendue par quatre forts, dont les feux se prêtent un mutuel appui.

Ce sont ceux de l'île Pelée *A*, et de Querqueville *B*, qui protègent les passes de l'est et de l'ouest;

Du Hommet, dont les canons appuient ceux du fort de Querqueville;

De la Digue, dont le centre et les musoirs sont armés de pièces de gros calibre et qui fait de la rade un vaste port, en l'abritant contre les vents du nord.

Des batteries ont été en outre construites à l'entrée du port militaire, et sur le rocher de Chavagnac, entre la pointe ouest de la digue et les forts du Hommet et de Querqueville.

EXPLICATION DE LA CARTE

vigoureuse résistance, qui a déjà coûté à l'équipage deux hommes
tués et dix grièvement blessés, le capitaine est averti « que le canonnier chargé du service dans la soute aux poudres a de l'eau jusqu'à
la cheville; qu'il y en a déjà cinq pieds dans la cale; qu'elle monte
à vue d'œil et que les quatre pompes sont insuffisantes pour affran-
chir; que la frégate a beaucoup souffert dans sa mâture, dans son
grément et dans sa carène, et qu'elle menace de couler sur ses ancres ».
Alors le brave Drouault fait débarquer son équipage et arborer les
couleurs nationales; il allume plusieurs feux dans l'entrepont et
quitte le dernier la frégate [1].

L'incendie et la mer s'en partagent bientôt les débris; l'un dévore
la partie haute, l'autre engloutit la partie basse du bâtiment.

En rendant compte au ministre de son désastre, le capitaine terminait son rapport par cette phrase:

« Le seul regret que j'éprouve, en perdant le commandement de
l'*Amazone*, est de lui avoir survécu. »

Il avait fait preuve de courage et d'habileté. La sévérité du code
militaire ne l'en appelait pas moins devant un conseil de guerre,
mais ce conseil ne se réunit que pour l'acquitter honorablement et
à l'unanimité.

Le lendemain de sa décision, le capitaine Jacob écrivait au ministre: « Le capitaine Drouault s'est conduit dans tous les cas de la manière la plus satisfaisante; il mérite l'estime et les éloges de Votre
Excellence. »

De son côté le capitaine de vaisseau Troude, qui avait présidé le
conseil, disait dans une dépêche au même ministre: « Pour la marine notre jugement est d'autant plus intéressant, Monseigneur, qu'il
présente à Votre Excellence une découverte de roches qui, jusqu'à
ce jour, n'ont point été portées sur les cartes marines, et inconnues

---

[1] Rapport du capitaine Drouault au ministre, du 25 mars 1811. *Archives de
la marine.*

MM. Troude et Levot sont aussi bref sur le combat de l'*Amazone* que sur la
la perte de l'*Élisa.*

« La capitaine Drouault, disent-ils, fit évacuer la frégate et la livra aux
flammes. »

aux pilotes côtiers, et sur lesquelles la frégate de Sa Majesté *l'Amazone* a touché et perdu son gouvernail [1]. »

Un commandement fut donné presque immédiatement au capitaine Drouault. Il monta successivement l'*Auguste*, l'*Iphigénie* et l'*Amphitrite*, sur laquelle il mourut en 1826, par suite d'un accident de mer. Il avait été nommé capitaine de vaisseau en 1819.

Il existe encore dans le Val-de-Saire plus d'un vieux matelot qui a assisté à l'odyssée de l'*Amazone* et de l'*Élisa*. Vingt fois peut-être je l'ai entendu raconter tantôt par l'un tantôt par l'autre de ces témoins oculaires, qui ne variaient pas sur les principaux détails.

Dans les douze ou quinze ans qui ont suivi le désastre de l'*Amazone*, les riverains ont eu à en recueillir quelques épaves ; c'était un bout de mât, une planche de bordage, un cabestan ; un jour même ce fut la figure de la frégate, mutilée par les boulets, noircie et à demi consumée par l'incendie, que la vague furieuse, après une tempête, jeta sur la côte.

J'ai vu moi-même, il y a quelques vingt ans, par un temps calme et une belle mer, à l'accore du rocher de Roubary, la carcasse de la frégate, enfouie dans le sable et le varech. Dans la même excursion j'ai pu voir également, à la Hougue, les débris des vaisseaux de Tourville, incendiés après la désastreuse bataille du 29 mai 1692, il y a bientôt deux siècles [2].

---

[1] Lettres au ministre des capitaines Jacob et Troude, des 9 et 10 mai 1811. *Archives de la marine.*

[2] La bataille de la Hougue coûta à notre marine quinze vaisseaux. Trois, dont l'amiral, le *Soleil-Royal*, furent brûlés en vue de Cherbourg, qui n'avait pas alors de ports, et les douze autres, sur la côte de la Hougue.

# TABLE DES CHAPITRES

# TABLE DES ILLUSTRATIONS

ÉVREUX, IMPRIMERIE DE CHARLES HÉRISSEY